崇文國學經典普及文庫

崇文国学经典普及文库
CHONGWEN GUOXUE JINGDIAN PUJI WENKU

龙文鞭影

（明）萧良有 编撰　段立超 校点

長江出版傳媒 | 崇文书局

图书在版编目(CIP)数据

龙文鞭影/(明)萧良有编撰;段立超校点.—2版.—武汉:崇文书局,2015.6
(崇文国学经典普及文库)(2016.5重印)
ISBN 978-7-5403-3924-1

Ⅰ.①龙… Ⅱ.①萧… ②段… Ⅲ.①古汉语-启蒙读物
Ⅳ.①H194.1

中国版本图书馆CIP数据核字(2015)第110946号

长江出版传媒 Changjiang Publishing & Media | 崇文书局 Chongwen Publishing House
出品人:潘启胜

※

统　　筹:陈中琼
责任编辑:王重阳
出版发行:武汉市雄楚大街268号·湖北出版文化城主楼C座11层
营销:027-87393855　传真:027-87679712
印　　刷:湖北新华印务有限公司
开　　本:710×1000　1/16
印　　张:13　　字　　数:138千字
版　　次:2015年6月第2版
印　　次:2016年5月第3次印刷
定　　价:23.80元

总序

现代意义的“国学”概念，是在19世纪西学东渐的背景下，为了保存和弘扬中国优秀传统文化而提出来的。1935年，王缁尘在世界书局出版了《国学讲话》一书，第3页有这样一段说明：“庚子义和团一役以后，西洋势力益膨胀于中国，士人之研究西学者日益众，翻译西书者亦日益多，而哲学、伦理、政治诸说，皆异于旧有之学术。于是概称此种书籍曰‘新学’，而称固有之学术曰‘旧学’矣。另一方面，不屑以旧学之名称我固有之学术，于是有发行杂志，名之曰《国粹学报》，以与西来之学术相抗。‘国粹’之名随之而起。继则有识之士，以为中国固有之学术，未必尽为精粹也，于是将‘保存国粹’之称，改为‘整理国故’，研究此项学术者称为‘国故学’……”从“旧学”到“国故学”，再到“国学”，名称的改变意味着褒贬的不同，反映出身处内忧外患之中的近代诸多有识之士对中国优秀传统文化失落的忧思和希望民族振兴的宏大志愿。

从学术的角度看，国学的文献载体是经、史、子、集。崇文书局的这一套国学经典普及文库，就是从传统的经、史、子、集中精选出来的。属于经部的，如《诗经》《论语》《孟子》《周易》《大学》《中庸》《左传》；属于史部的，如《战国策》《史记》《三国志》《贞观政要》《资治通鉴》；属于子部的，如《道德经》《庄子》《孙子兵法》《鬼谷子》《世说新语》《颜氏家训》《容斋随笔》《本草纲目》《阅微草堂笔记》；属于集部的，如《楚辞》《唐诗三百首》《豪放词》《婉约词》《宋词三百首》《千家诗》《元曲三百首》《随园诗话》。这套书内容丰富，而分量适中。一个希望对中国优秀传统文化有所了解的人，读了这些书，一般说来，犯常识性错误的可能性就很小了。

崇文书局之所以出版这套国学经典普及文库，不只是为了普及国学常识，更重要的目的是，希望有助于国民素质的提高。在国学教育中，有一种倾向需要警惕，即把中国优秀的传统文化“博物馆化”。“博物馆化”是20世纪中叶美国学者列文森在《儒教中国及其现代命运》中提出的一个术语。列文森认为，中国传统文化在很多方面已经被博物馆化了。虽然中国传统的经典依然有人阅读，但这已不属于他们了。“不属于他们”的意思是说，这些东西没有生命力，在社会上没有起到提升我们生活品格的作用。很多人阅读古代经典，就像参观埃及文物一样。考古发掘出来的珍贵文物，和我们的生命没有多大的关系，和我们的生活没有多大关系，这就叫作博物馆化。“博物馆化”的国学经典是没有现实生命力的。要让国学经典恢复生命力，有效的方法是使之成为生活的一部分。崇文书局之所以强调普及，深意在此，期待读者在阅读这些经典时，努力用经典来指导自己的内外生活，努力做一个有高尚的人格境界的人。

国学经典的普及，既是当下国民教育的需要，也是中华民族健康发展的需要。章太炎曾指出，了解本民族文化的过程就是一个接受爱国主义教育的过程："仆以为民族主义如稼穑然，要以史籍所载人物制度、地理风俗之类为之灌溉，则蔚然以兴矣。不然，徒知主义之可贵，而不知民族之可爱，吾恐其渐就萎黄也。"(《答铁铮》)优秀的传统文化中，那些与维护民族的生存、发展和社会进步密切相关的思想、感情，构成了一个民族的核心价值观。我们经常表彰"中国的脊梁"，一个毋庸置疑的事实是，近代以前，"中国的脊梁"都是在传统的国学经典的熏陶下成长起来的。所以，读崇文书局的这一套国学经典普及读本，虽然不必正襟危坐，也不必总是花大块的时间，更不必像备考那样一字一句锱铢必较，但保持一种敬重的心态是完全必要的。

期待读者诸君喜欢这套书，期待读者诸君与这套书成为形影相随的朋友。

陈文新

（教育部长江学者特聘教授，武汉大学杰出教授）

前言

《龙文鞭影》是明朝著名学者萧良有编撰的一部关于蒙学教育的通俗读物。龙文是古代良马的名称，它见到鞭影就会向前疾驰。意思是说孩子们汲取了知识的源泉后才能够健康成长，在人生的道路上迅跑。

萧良有，明朝人，字以占，号汉冲，汉阳人。自幼聪颖异常，史书上称他为神童，明神宗万历八年进士，历任国子监祭酒、史馆修撰等职。他以大学者的身份，站在关心整个封建教育的高度，编写了《蒙养故事》一书。后来杨臣诤对此书加以增订，分为上、下卷，并将书名改为《龙文鞭影》。清末文人李恩绶又将此书校订增删了一次，于光绪年间刊行。清朝还有李晖吉、徐濽二人仿照《龙文鞭影》的体例，续编了《龙文鞭影二集》两卷。

编者从丰富儿童的知识，开拓其视野出发，从卷帙浩繁的古代史书和诸子百家著作中，精心挑选了两千多则人物典故和各种轶闻趣事，内容涉及政治、经济、军事、文学、艺术、德行、儒林、方术、怪异、奸佞等众多方面。作者广采博求历史上正反两方面的典型事例，是想通过这些故事的启发，对孩子们进行潜移默化的教育，让他们形成一种符合当时社会需要的伦理观、道德观、价值观、历史观，塑造他们忠孝节义、友爱善良的良好个性品质。当然，书中也难免存在着一些封建性的糟粕，如愚忠愚孝、神鬼迷信，这是今天的读者在阅读此书时所应当摒弃的。

书中故事的标题以四言对仗的形式出现，无疑增强了可读性和语言的节奏感，这是非常符合孩子们的阅读心理和阅读趣味的。

我们在整理此书时，对全书两千多则故事全部采用，并将其译成现代白话文，译文在如实传达每则故事的思想内涵和价值取向的基础上，力求做到文字的通顺和晓畅。对于在文字表达和内容把握上可能存在的偏差和失误，敬请专家和读者指正。

contents

卷一

卷二

卷三

卷四

卷　一

一　东

粗成四字　诲尔童蒙

介绍了编写此书的目的和方法：是专供少年儿童启蒙的读本，用四言韵文编写。

经书暇日　子史须通

告诉读者，读儒家经典《四书五经》的闲暇之余，还必须读诸子百家的书和史书。强调读经、史、子的重要性，并说明此书是少年儿童重要的辅助性读物。

重华大孝　武穆精忠

重华是舜帝的名。舜帝的父亲、后母及异母弟弟都对他不好，几次想害死他。但舜帝不计较，仍然孝敬父母，友爱兄弟。孔子称赞他是大孝子。

武穆是岳飞的谥号。他是南宋抗金名将，后被奸臣秦桧诬陷而遭杀害。他母亲在他投军前曾在他背上刺了“精忠报国”四个字。古人对忠、孝的虔诚，首举舜帝和岳飞。

尧眉八彩　舜目重瞳

尧是唐尧，古代圣君，把帝位禅让给舜帝。传说他“眉分八彩”，是帝王之相。

舜是虞舜，传说他每只眼里有两个瞳仁，也是帝王之相。

商王祷雨　汉祖歌风

商汤时七年大旱，请太史占卜，太史说应杀人祭天。商汤愿用自己祭天，他剪发断爪，列数自己六条罪状。话才说完，方圆几千里降下大雨。这就是“仁”，“仁”是儒家思想的核心。

汉高祖刘邦在征伐英布班师途中从家乡沛县经过，与父老子弟欢饮，席间慷慨作歌：“大风起兮云飞扬，威加海内兮归故乡，安得猛士兮守四方！”后世称为《大风歌》。

秀巡河北　策据江东

刘秀起兵后巡行河北，灭刘盆子、王郎，建立东汉政权，是为东汉光武帝。

孙权之兄孙策，十八岁与周瑜定计渡江，削平当地割据势力，在江东创立孙氏政权，受封讨虏将军。

太宗怀鹞　桓典乘骢

唐太宗李世民得到一只鹞鸟，很高兴，让它停在手臂上。他远远看见魏征，怕魏征劝谏，赶忙把鹞鸟藏在怀中。魏征假装没看见，向他奏事，奏了很久，而鹞鸟竟被活活闷死在怀里。

汉灵帝时，政治腐败，宦官当权，大臣们都惧怕宦官。桓典当侍御史独不怕宦官，宦官们对他又恨又怕。他常骑骢马外出巡行，京师的人都很惧怕，说："行行且止，避骢马御史。"

嘉宾赋雪　圣祖吟虹

西汉梁孝王刘武喜欢招致文士。在一个雪花纷飞的日子，他在兔园大宴宾客。当时著名文人邹阳、枚乘、司马相如等也应召前往，三人都写了雪赋。

明太祖朱元璋化装出访，遇到彭友信。朱元璋便吟了他刚作的《虹霓》的前两句："谁把青红线两条，和风甘雨系天腰"，让彭友信续完，友信续道："玉皇昨夜銮舆出，万里长空驾彩桥。"明太祖很高兴，次晨便召见友信，任他为布政使。

邺仙秋水　宣圣春风

李泌七岁便能作文，唐玄宗在皇宫召见他。宰相张说称他为奇童，诗人贺知章说他"目如秋水"，是当"卿相"的料。后来李泌果然当了宰相，被封为邺侯。因为他喜好神仙术，所以称"邺仙"。

"宣圣"指孔子。汉武帝问东方朔："孔子和颜渊哪个道德更高些？"东方朔答："颜渊如桂馨一山；孔子如春风，至则万物生。"

恺崇斗富　浑濬争功

西晋王恺和石崇比阔斗富。有一次，王恺的外甥晋武帝赐王恺一株两尺多高的珊瑚树，这么高的珊瑚树是罕见的。王恺拿出来在石崇面前炫耀，石崇竟用铁如意把它击碎，然后叫人把家藏的珊瑚树全拿出来，仅三四尺高的就有六七株，像王恺的那样高的就更多了。王恺见了，怅然自失。

西晋王浑和王濬一起受命征伐东吴，王浑不敢立即渡江，王濬却先入建康接受吴主孙皓的投降。第二天王浑过江，愧恨不平，与王濬相争，并上表王濬不受节制。王濬也不服，司马炎只好派范通去调解。为此王浑颇受人讥笑。

王伦使虏　魏绛和戎

王伦是南宋主和派人物，多次出使金国约定和议。在金前后两次被扣留十年，并在扣留中死去。

魏绛是晋国大夫，力主和戎族友好，被晋悼公采纳，派他和戎族结盟。

恂留河内　何守关中

东汉光武帝刘秀任命寇恂为河内太守，负责转输军需，并与冯异镇压绿林军。

汉高祖刘邦让萧何留镇关中，输送士卒粮饷，军需不乏，刘邦认为他功劳第一，后被封侯。

曾除丁谓　皓折贾充

宋真宗时，丁谓迎合皇帝大建道观，排挤寇准。并勾结宦官，独揽朝政。仁宗即位后，王曾为相，贬丁谓为崖州司户参军。人们对此拍手称快。

三国时吴国皇帝孙皓降晋，贾充问他："你挖人眼球，剥人面皮，此何等罪刑？"孙皓回答说："这是惩罚弑君不忠者。"贾充语塞，因为他在魏国做高官时派成济弑杀了魏国皇帝曹髦，正是一个“弑君不忠者”。

田骄贫贱　赵别雌雄

战国初，魏文侯以田子方为师。田子方在路上遇见太子，太子下车谒见，非常恭敬，而田子方却不回礼，态度十分傲慢，还说：“贫贱者可骄人，富贵者不可骄人。”可见是个一身傲骨的人。

汉朝赵温，字子柔，为京兆丞，曾经叹息说：“大丈夫当雄飞，安能雌伏！”便弃官而去，是位有大志的人。

王戎简要　裴楷清通

晋王戎、裴楷两人都是当时的名士。晋武帝问钟会：“谁可主持吏部事务？”钟会说：“王戎简要，裴楷清通，可当此任。”于是任命二人担任吏部郎。

子尼名士　少逸神童

晋朝王澄有次经过陈留郡，问这个郡有哪些名士。小吏回答有江应元、蔡子尼。王澄说：“这地方当大官的很多，为什么只介绍这两个人？”小吏说：“您问的是人才，不是问的谁官位高。”

南朝宋人刘少逸十一岁就善于写文章，时人称他为神童。

巨伯高谊　许叔阴功

东汉人荀巨伯到远方探望生病的朋友，刚好外族攻打郡城，朋友要荀巨伯赶快离开，不要作无谓牺牲，荀巨伯坚决不答应。敌军看了很惊讶，问道：“大军至，一郡尽空，汝何男子，而敢独止？”荀巨伯回答说：“友人有疾，不忍委之，宁以我身代友人命。”敌军赞叹荀巨伯的义气，于是退兵了。

宋朝许叔微立志研究经史，特别精通医术。宋高宗建炎初年瘟疫流行，许叔微便外出替人治病，救了很多人的性命。他梦见神灵赐他官职，后来果然中了科第。

代雨李靖　止雹王崇

唐朝李靖没当官之前，一次外出打猎，借宿在一个大户人家。半夜听到很急的叫门声，进来一位老妇人，告诉他这里是龙宫，刚才天帝下令降雨，而她两个儿子都不在家，请他替他们降雨。并告诉李靖："马鸣，取瓶水一滴，滴在马鬃上，则平地水深三尺。"李靖见本乡干旱到了极点，便连洒了三十多滴。

汉朝王崇死了父母，哀伤独甚。那年夏天降大冰雹，禽兽、草木被砸死无数，只有王崇家种的十顷庄稼没有损失，人们都说这是因为他孝敬父母的缘故。

和凝衣钵　仁杰药笼

五代时的和凝，考进士得了第十三名。后来他当考官选举人，范质也中了第十三名。他对范质说："以传老夫衣钵。"后来范质仕途与和

凝一样。

唐朝元行冲对狄仁杰说："治理国家应该预先储备人才，就像医生时刻备好药品一样。"狄仁杰笑着说："您就是我药笼中的良药，不可一日无也。"

义伦清节　展获和风

宋太祖时，沈义伦随军入四川，独居一室，平时只吃蔬菜。他的行李就是一个装了几本书的小箱。宋太祖向曹彬询问沈义伦的情况，才知道他清节过人，便提拔他为枢密副使。

展获是春秋时鲁国人，他的食邑在柳下。逝世时，门人讨论他的谥号，他的妻子是个很有见识的妇女，提出许多理由说明"夫子之谥，宜为惠兮"。所以孟子称展获为柳下惠。

占风令尹　辩日儿童

春秋时期，尹喜为函谷关令，望见紫气东来，又看了风向，知道将有神仙经过。不久，老子果然骑着青牛来了，传授给尹喜炼气内修吐纳之法，并授《道德经》五千言而去。

孔子东游，看见两个小孩辩论。一个小孩说早晨太阳离地面近，中午离地面远，因为太阳早晨大，中午小。另一个小孩说，中午太阳离地面近，早晨离地面远，因为中午热，早上冷。他们问孔子，孔子也不能判断。两个小孩笑道："谁说你的学问大呢？"

敝履东郭　粗服张融

东郭先生在公车署等待皇帝的诏书，但诏书迟迟不来。他贫困潦倒，又冷又饿，衣服鞋子都破了，鞋子有上无下，脚底直接和地面接触。

路人都嘲笑他，而东郭先生却若无其事。

南北朝时齐高帝赐给张融一套衣服，说：“见卿衣服粗敝，诚乃素怀有本；过尔褴褛，亦亏朝望。今送一通故衣，意谓虽故，乃胜新也。”

卢杞除患　彭宠言功

唐朝人卢杞担任虢州刺史时，上疏说虢州有三千头官猪，当地百姓深受其苦。唐德宗命卢杞把那些猪移到沙苑去，卢杞说沙苑的百姓也是陛下的百姓，唐德宗很高兴，认为卢杞身为虢州的地方官，却忧念沙苑的百姓，真是宰相之才，就下令将猪赐给当地的贫民。其实卢杞是唐朝的奸邪之臣。

彭宠是东汉光武帝刘秀手下的功臣。刘秀征讨王郎时，彭宠不断运粮支援，自以为功劳很大。朱浮写信给他说：“辽东之猪，古来皆黑。生子白头，异而献之。行至河东，见群猪皆白，怀惭而退。您的功劳跟朝廷众将相比，就像辽东之猪一样。”

放歌渔者　鼓枻诗翁

唐朝人崔铉任江陵太守时，看到有个渔夫在江边钓鱼，钓到鱼就拿去换酒，常常放声高歌，怡然自若，不把名利放在心上。

宋朝人卓彦恭有一次经过洞庭湖，见一个老人月光下在湖上泛舟，卓彦恭问他有没有鱼，老人说：“无鱼有诗。”说完，就一边划船，一边吟诗。卓彦恭问老人姓名，老人不答而去。

韦文朱武　阳孝尊忠

前秦国王苻坚巡视太学时，博士卢壶说：“《周礼》这门功课没有合适的老师，只有太常韦逞的母亲宋氏擅长此学。”苻坚下令在韦家设立讲堂，招收学生，让韦母隔着绛纱帐讲学，称为“宣文君”。朱序镇守襄阳，苻坚派兵围攻襄阳，朱序的母亲韩氏率领一百多名妇女筑城御敌，号称“夫人城”。

汉朝人王阳任益州刺史，走到九折坂，见山路崎岖，就叹息说：“身体是父母给的，我为什么要冒这种凶险呢？”说完就掉转车头回去了。人们说他是孝子。后来朝廷任命王尊为益州刺史，也要经过九折坂，王尊问随从说：“这不就是王阳吓得不敢走的险路吗？”王尊认为为了朝廷的使命，再险的路也不应惧怕，于是毫不犹豫地命令车子驶过去。人们认为王尊是忠臣。

倚闾贾母　投阁扬雄

春秋时，齐闵王手下有个大臣叫王孙贾，当时齐国遇上战乱，齐闵王出逃。王孙贾找不到齐王就回家了，他的母亲对他说：“你出门时我倚门而望，如今齐王出逃未归，你不随王左右，回家来干什么？”后来王孙贾率国人平定了战乱，为齐闵王报了仇。

西汉著名学者扬雄在天禄阁校书，他的学生刘棻犯了死罪，牵连到扬雄，扬雄知道后，吓得从天禄阁上跳下去，差点摔死。王莽篡汉时，扬雄趋附王莽，为人所诟病。

梁姬值虎　冯后当熊

梁红玉是京口歌女。有天深夜她到帅府贺唱，看见一只老虎睡在走廊上，她吓坏了，赶忙跑出来。不久后，来了许多人，梁红玉又进去看个究竟，原来是个士兵睡在那里。这人就是韩世忠。梁红玉认为韩世忠是个奇男子，就嫁给了他。

冯氏是汉元帝的婕妤，有一次她陪汉元帝到养猛兽的地方去玩。

忽然，一只熊从笼子里跑了出来，其他人都吓跑了，只有冯婕妤挺身掩护皇帝。汉元帝因此非常宠爱她。

罗敷陌上 通德宫中

秦罗敷是汉代的美女，一次她在野外采桑，太守见了便喜欢上了她。罗敷便作了《陌上桑》，拒绝了太守的挑逗和引诱，表达了自己对爱情的坚贞。

伶玄的小妾樊通德是汉成帝皇后赵飞燕的侍女，知道赵飞燕姊妹在宫中的许多事。当她跟伶玄谈论那些事时，常常潸然泪下。伶玄根据她讲的写了一篇《飞燕传》。

二 冬

汉称七制 唐羡三宗

汉朝有七位皇帝受人称赞，他们是西汉高祖刘邦、文帝刘恒、武帝刘彻、宣帝刘询，东汉光武帝刘秀、明帝刘庄、章帝刘炟。

唐朝有三位最杰出的国君，即唐太宗、唐玄宗、唐宪宗。唐太宗开创了“贞观之治”的大好局面；唐玄宗统治前期励精图治，有“开元盛世”之称；唐宪宗平定藩乱，使国势复振，史称“中兴”之君。

杲卿断舌 高祖伤胸

安史之乱时，颜杲卿任常山太守，率军民抗击叛军。叛军攻陷城池后，杲卿被抓，威武不屈，大骂叛贼，安禄山命人钩断他的舌头，杲卿喷血而死。文天祥在《正气歌》中称赞了颜杲卿的气节。

楚汉相争时，两军对阵，刘邦历陈项羽十罪，项羽大怒，命伏兵施放冷箭，射中刘邦胸部，刘邦用手握住脚说："我的脚受伤了。"他这样做是为了安定军心。

魏公切直　师德宽容

宋朝人韩琦因功被封为魏国公，宋仁宗时任宰相，敢于直言劝谏。

唐朝人娄师德宽容大度，他对自己的弟弟说："人家将口水吐在你的脸上，让它自己干掉就行了。"他曾经荐举狄仁杰为宰相，狄仁杰反而排挤他，武则天将娄师德的荐书给狄仁杰看，狄仁杰又惭愧又感动。

祢衡一鹗　路斯九龙

东汉的祢衡，孔融非常佩服他的才学，上书推荐说："鸷鸟累百，不如一鹗。使衡立朝，必有可观。"曹操马上召见。但祢衡瞧不起曹操，对曹操傲慢无礼，曹操便把他推荐给刘表。刘表将其交给黄祖，他仍然傲态不改，终于被黄祖杀害。

唐朝宣城令张路斯的夫人生了九个儿子，当时被称为"九龙"。

纯仁助麦　丁固梦松

范仲淹当开封知府时，叫他的次子范纯仁运五百斛麦子回苏州。途中遇到石曼卿，石曼卿告诉他家里有三丧未葬，二女未嫁，范纯仁就将麦子和船全送给了他。回到开封府，纯仁把石曼卿的遭遇告诉父亲。范仲淹说为什么不把麦子和船送给他，纯仁说我已经这么做了。范仲淹对儿子的做法非常赞赏。

汉朝人丁固，少时梦见自己肚子上长了一棵松树，解梦人说："'松'字即'十八公'，你十八年后会被封为'公'。"后来果如其然。

韩琦芍药　李固芙蓉

宋代时江都有三十二种芍药花，而“金带围”最为稀罕。韩琦任郡守时，开了四枝。后来韩琦拜相，人称这是“花瑞”。

唐朝李固言落第后游四川，遇见一老妪对他说：“郎君明年芙蓉镜下及第。”第二年果然考中了状元。

乐羊七载　方朔三冬

乐羊子外出求学，才一年就回家了。他的妻子问他为什么这么快就回来，他说想家。他妻子便拿起剪刀将织机上的布帛剪断，说：“这种布帛是由蚕茧一丝一寸织成的，你外出求学，中途放弃，与断帛有何不同？”乐羊子大受震动，再次外出求学，七年不归，终于学业有成。

西汉的东方朔诙谐幽默，他上书汉武帝说：“我十二岁时开始学习书法，历时三年，文史足用。十五岁时学击剑，十六岁时学《诗》、《书》，能诵二十二万言。十九岁时学孙吴兵法。”汉武帝认为他能文能武，非常欣赏他。

郊祁并第　谭尚相攻

宋朝人宋郊、宋祁是亲兄弟，都很有才学，后来一同中举，都当了翰林。

袁谭、袁尚是袁绍的儿子，袁绍死后，兄弟相残，最终被曹操各个击破。

陶违雾豹　韩比云龙

周朝的陶答子治陶三年，名誉不兴，却家产倍增。他的妻子劝他

说："夫君能力不足却居高位，官声不佳，却积累了很多财富。我听说南山有玄豹隐在雾中，七天不吃东西，它是想用这种方法使皮毛光泽有花纹。猪却只知道贪吃，吃肥了让人宰杀。你只知贪财，恐怕最终会招致祸患。"陶答子不听，后来果真被杀。

韩愈、孟郊都是唐朝著名的诗人，私交很好。韩愈曾经说："吾愿身为云，东野变为龙。"孟郊，字东野。

洗儿妃子　校士昭容

唐玄宗、杨贵妃非常宠信安禄山，据说，杨贵妃曾经叫宫女用锦绣裹着安禄山，将他当做才出生的婴儿，求唐玄宗赏赐了大笔洗儿钱。玄宗晚年统治的昏庸可见一斑。

上官婉儿是唐朝著名的才女，是武则天的宠臣，中宗时被封为昭容，当时文臣学士写的诗文，都需上官婉儿品评优劣。

彩鸾书韵　琴操参宗

晋朝吴猛的女儿彩鸾嫁给文箫，文箫家贫，衣食不能自给，彩鸾每天抄写一部韵书卖了度日。

苏轼在杭州做官时，常带歌妓琴操游西湖。苏轼说：“我做长老，你试着参究禅理。”琴操问：“何谓湖中景？”苏轼答：“落霞与孤鹜齐飞，秋水共长天一色。”又问：“何为景中人？”答：“裙拖六幅潇湘水，鬓挽巫山一段云。”问：“何谓人中意？”答：“随他杨学士，鳖杀鲍参军。”又问：“如此究竟如何？”答道：“门前冷落车马稀，老大嫁作商人妇。”琴操领悟了禅理，便削发为尼。

三　江

古帝凤阁　刺史鸡窗

黄帝在殿阁中斋戒，忽然有许多凤凰飞来，全都栖息在梧桐树上，吃竹子的果实，一直没有离去，因而天下太平。

晋朝人宋宗任兖州刺史，得到一只长鸣鸡，把它养在窗前。有一天这鸡忽然讲起话来，它和宋宗谈话极富玄理，宋宗的玄学因而大有长进。

亡秦胡亥　兴汉刘邦

胡亥是秦始皇的次子，秦始皇死后，他继承帝位，宠信赵高，为政苛暴，激起百姓反抗，秦朝因而灭亡。

秦朝末年，刘邦起兵，亡秦破楚，建立汉朝。

戴生独步　许子无双

东汉戴良，喜欢高谈阔论，惊世骇俗。有人问他：“你看天下谁可与你相比？”他说：“我如同孔子长在齐鲁，大禹出自西羌，独步天下，无人可与相比。”

东汉许慎，字叔重，博通经学，当时人称他“五经无双许叔重”。

柳眠汉苑　枫落吴江

据说汉朝宫苑中有棵柳树，状如人形，称为人柳。每天三眠三起，不差时刻。

唐朝人崔信明有文名，他写的诗句“枫落吴江冷”尤为被人称颂。

鱼山警植　鹿门隐庞

鱼山位于山东泰安府境内。有一次，曹植登山游览，忽然听到岩洞里有念经声。声音清晰嘹亮，伴随着山谷流水声，使曹植不知不觉产生了一种敬仰神灵的感情。

东汉庞德公亲自耕种，终年不入城市，荆州刺史刘表多次礼请他，他也不去。后来他以上山采药的名义，携妻带子到鹿门山隐居。

浩从床匿　崧避杖撞

孟浩然和王维是好朋友。孟浩然到京师长安游历，王维邀他到自己家中，恰好唐明皇也来到王维家，孟浩然一时躲避不及，只好躲到床底下。王维把实情告诉唐明皇，唐明皇下令让孟浩然出来，要他读自己作的诗，当孟浩然读到“不才明主弃”时，唐明皇很不高兴地说：“你自己不求做官，我也未曾嫌弃你，你怎么这样诬蔑我？”就让孟浩然回山去了。

汉明帝性急苛察，常常事情没弄清楚就急于指责人，连公卿大臣也多次被他指责。有一次他因为某事而发怒，指责郎药崧，还用杖打他，郎药崧赶忙躲到床下，才没挨打。

刘诗瓿覆　韩文鼎扛

刘伯温原是元朝进士，曾任江浙儒学副提举等官，后弃官隐居青田山。明太祖朱元璋聘他到应天做官，他提出时务十八策，帮助明太祖完成帝业，被封为诚意伯。他诗歌雄浑，散文奔放，著有《覆瓿集》等。

韩愈的文章气势雄伟，说理透彻，逻辑性强，被尊为“唐宋八大家”之首。“龙文百斛鼎，笔力可独扛。”就是形容他的文章特色的。

愿归盘谷　杨忆石淙

唐朝李愿隐居盘谷，韩愈在《送李愿归盘谷序》中说：“太行之阳有盘谷。盘谷之间，泉甘而土肥，草木丛茂，居民鲜少。或曰：‘谓其环两山之间，故曰盘。’或曰：‘是谷也，宅幽而势阻，隐者之所盘旋。’”

唐朝杨一清小时候能写一手好文章，以“奇童”的名义被推荐为翰林秀才。他每次作文章都会回忆起故乡的石淙精舍。

弩名克敌　城筑受降

宋代韩世忠为抵御金国骑兵的入侵，特制造了“克敌弓”。该弓射程可达百步，劲可穿数重铠甲。

受降城在山西大同府西北，为汉武帝时公孙敖所筑。

韦曲杜曲　梦窗草窗

韦曲、杜曲两地都在陕西西安城南，都是樊川名胜之地。唐代很有名望的贵族韦氏、杜氏世代都住在这里，当时人们说："城南韦杜，去天尺五。"

南宋词人吴文英，有《梦窗词》甲、乙、丙、丁稿。后人周密，著有《草窗词》二卷，词的风格接近吴文英，与吴文英并称"二窗"。

灵征刍狗　诗祸花龙

有个叫周宣的人，自称善于解梦。一次有人问周宣："梦中看见了用草扎的狗预兆什么？"周宣说："会得到吃喝的东西。"又一次这人又问周宣梦见了草扎的狗，周宣说："会从车上跌下来把脚跌断。"第三次这人又说做了同样的梦，周宣说："有火灾。"后来，这个人对周宣说："其实我每次都没有做梦，只是试试你解梦灵不灵，可为什么结果都应验了呢？"

高启是明朝前期著名的诗人、学者，明太祖洪武年间参修《元史》，并任户部侍郎，他曾经写过一首诗："女奴扶醉踏苍苔，明月西园侍宴回。小龙隔花空吠影，夜深宫静有谁来？"朱元璋怀疑这诗是讽刺他的，便心生嫉恨，后以他事将高启腰斩。龙就是犬。

嘉贞丝幔　鲁直彩缸

唐朝郭元振风流倜傥，宰相张嘉贞想招他做女婿，对他说："我有五个女儿，让她们各自牵根丝线站在幕后，然后你去牵丝线，牵着谁，我就把谁许配给你为妻。"郭元振牵了一根红丝线，是张嘉贞的第三个女儿，她贤德而又美丽，后来郭元振当了宰相。

宋朝人黄庭坚，字鲁直，他为儿子向苏迈的女儿求婚，在“纳吉”那天，他用红彩绸缠他家的大缸。

四　支

王良策马　傅说骑箕

王良是天上的星宿名，《史记》中说：“王良策马，车骑满野。”即该星宿能预示战争，这当然是无稽之谈。

傅说也是星宿名，该星明亮帝王就多子孙，消失则社稷无主，入尾则天下诅咒。

伏羲画卦　宣父删诗

伏羲氏是上古时代的圣君，他看见黄河龙马背负着一幅具有阴阳奇偶数的图，于是就画成了八卦：乾一、兑二、离三、震四、巽五、坎六、艮七、坤八。

宣父指孔子。孔子带着弟子游历四方后回到鲁国，把当时流传的三千余篇诗大加删削，仅仅留下三百零五篇，这就是《诗经》。

高逢白帝　禹梦玄彝

汉高祖年轻时地位低微，夜里喝醉了酒，经过一个沼泽地，有一条大蛇横在路上，高祖拔剑杀死了它。后来有人夜里经过这里，见到一个老妪哭泣着说：“我儿子是白帝的儿子，化成大蛇横在路上被赤帝子杀死了。”

夏禹治水到衡山，梦见一个自称是玄彝苍水使者的人，此人对夏禹说："要想得到我的简册，必须到黄帝宫斋戒。"夏禹在黄帝宫斋戒三天，果然得到了金简玉牒，因而知道了治水的诀窍。

寅陈七策　光进五规

胡寅担任起居郎，向宋高宗进献七策：一、罢和议而修战略；二、置行台；三、务实效；四、起天下之兵；五、都荆襄；六、选宗室；七、存纪纲。但吕颐浩讨厌他太耿直，把他排挤到外地做官。

北宋司马光曾向宋仁宗进五规，即保业、惜时、远谋、谨微、务实，皇帝对此很欣赏。

鲁恭三异　杨震四知

东汉鲁恭任中牟县令，邻近各县蝗虫猖獗，只有中牟县没有蝗虫危害。他的上司派使者来检查，与鲁恭一起在桑树下休息，有一只雉鸡从一个小孩身边经过，使者问小孩为什么不捉那只雉鸡，小孩说："它正在带小鸡，不能捉。"使者对鲁恭说："蝗虫不入境，德化施及到禽兽，小孩有仁爱之心，这是三桩异事。"使者回衙后，推荐鲁恭为大司徒。

东汉杨震任东莱太守时，路过昌邑，他曾经荐举的昌邑县令王密，夜里带着金子来献给他。杨震说："我与你是老朋友，我了解你，你却不了解我，这是为什么？"王密说："夜深人静，无人知道。"杨震严肃地说："天知，地知，你知，我知，怎么说没人知道呢？"王密听了，满怀羞愧地走了。

邓攸弃子　郭巨埋儿

邓攸是西晋人，遇战乱，带家属逃难。路上遇乱兵，儿子和侄儿不能同时保护好，于是将自己的儿子捆在树上，只背着侄儿逃跑。

汉朝郭巨，家贫不能供养母亲，每次吃饭时，他母亲心疼孙儿，总要分一点给孙儿吃。郭巨夫妇见了，便感到留着儿子会使母亲挨饿，就商量说："儿子以后还可以再生，而母亲死了，就永远不会再有了。"于是便决定把儿子活埋了。他俩掘地三尺多深，忽然发现一坛金子，上面写着红字："天赐孝子郭巨，官不得夺，人不得取。"

公瑜嫁婢　处道还姬

宋代钟公瑜因为要嫁女儿，便买了个婢女陪嫁。很快，他发现这个婢女是前任县令的女儿，于是便把她当做自己的女儿出嫁了。

南朝末，陈国大乱。驸马徐德言和妻子乐昌公主在分离之前，弄破一面镜子，夫妇各持一半，相约战乱平定后的正月十五在街上卖镜。陈国灭亡后，乐昌公主成为了隋朝越国公杨素的家姬。那年上元节，公主命家奴到市场卖破镜，价格定得很高。徐德言见了，便合镜题诗："照与人俱去，照归人不归。无复姮娥影，空留明月辉。"杨素知道后，便请徐德言去见他，把乐昌公主送还给徐德言。

允诛董卓　玠杀王夔

东汉末年，董卓专权，汉献帝成了他的傀儡。当时司徒王允感到这是个大祸害，便暗地里结交董卓手下猛将吕布，设计将董卓杀死弃之于市。

南宋时四川利司都统王夔，残暴凶悍，不受节度，当地老百姓苦不堪言。后来朝廷派余玠担任四川安抚制置使，余玠设计杀掉了王夔。

石虔矫捷　朱亥雄奇

桓石虔是东晋人。他动作敏捷，没人能比得上。有一次，他和父亲一起围猎，一只老虎中箭伏在地上，将领们怂恿他从老虎身上把箭拔出来，他真的从老虎身上把箭拔出来了。他跟伯父桓温入关，作战勇猛，威镇敌人。当时若有疾病流行，只要用“石虔来”来威慑，病情就控制住了。

朱亥是战国时期的大力士，初以屠宰为生。侯嬴将他推荐给信陵君无忌，信陵君派他出使秦国，秦王将他关到虎圈中，朱亥怒发冲冠，睁大眼睛瞪着老虎，老虎吓得不敢动，秦王只好将他礼送出境。信陵君又派他袖里藏四十斤的铁锥，击杀晋鄙，帮信陵君夺了晋鄙的兵权，击退秦军，救了赵国。

平叔傅粉　弘治凝脂

三国时何平叔是魏国大臣，是位玄学家。他是一位美男子，脸很白。魏明帝怀疑他脸上涂了粉，正值夏天，魏明帝赐他吃热汤面。吃完面，汗涔涔下，便用衣服拭汗，这时脸色更加白皙。

晋朝杜弘治，皮肤非常洁净，著名书法家王羲之见了后赞叹说：“面如凝脂，眼如点漆，真是神仙中的人物。”

伯俞泣杖　墨翟悲丝

汉朝韩伯俞，非常孝顺母亲。有一次，他做错了事，母亲打他，他哭了。母亲很奇怪，说：“我过去打你，你没哭过，今天为什么哭呢？”韩伯俞说：“以前您打我，我会觉得痛，知道母亲身体健康；今天您打我，我不觉得痛，发觉母亲体衰力弱，所以我心里难过，才哭泣。”

战国时的墨子，看见染丝而悲叹说：“把丝放进青色的染料就染成青丝，放进黄色染料就染成黄丝，五次放进不同的染料里，就染成了五种颜色的丝。所以办事不能不谨慎。不仅染丝是这样，治理国家也是这样。”

能文曹植　善辩张仪

曹植，字子建，是曹操的第三个儿子。十岁就会写文章，才思隽发，下笔成章，曾有七步成诗的典故。南朝文学家谢灵运说：“天下才共一石，子建独得八斗。”

战国时魏国人张仪，与苏秦同拜师于鬼谷子，有一次跟随楚国国相参加宴会，别人诬告他偷了贵重的璧，他被打得遍体鳞伤，回家后问妻子：“我的舌头还在吗？”妻子说在，张仪放心了，说只要舌头在就好了。后来，他就是靠能说会道的嘴游说秦国国君而取得富贵的。

温公警枕　董子下帷

北宋时著名史学家司马光死后被追封为温国公。他年轻时，学习勤奋，博览群书。为了挤时间读书，他担心睡过头，便用圆木做枕头。小睡时只是倚枕休息；睡熟了，圆木会转动，他就会惊醒，继续苦读。

西汉思想家董仲舒，勤于嗜学。为了研究学问，他下帷讲诵，三年时间，眼睛不曾向花园里瞟过。

会书张旭　善画王维

唐朝书法家张旭，以草书最为知名。他性喜饮酒，每次喝醉了，就大喊大叫，发狂似的奔跑后，下笔写字，有时甚至用头发醮墨水写字，醒了看自己写的字好像当时有神灵相助一般。人们尊他为"草圣"。

唐朝诗人王维，字摩诘，他诗画都非常著名，苏东坡称赞他的诗画说："味摩诘之诗，诗中有画；观摩诘之画，画中有诗。"

周兄无慧　济叔不痴

春秋时期，晋悼公周的哥哥是个呆子，不能辨别菽麦，不能当国君，臣下们就立周当国君。

晋朝王湛，是王济的叔父。他平素不愿表现自己，别人把他当呆子看。有一次王济去探望他，看见他床头放了一本《周易》，就跟他谈《周易》，王湛对《周易》的剖析非常深透，王济听后感叹说："自己家中出了一位名士，居然三十年都没发现！"就把他推荐给晋武帝，从此开始出名。王湛三十八岁才做官。

杜畿国士　郭泰人师

东汉末年杜畿从荆州回许都，会见侍中耿纪，两个人谈了一夜。尚书令荀彧住在耿纪隔壁，夜里听到杜畿的话，认为他很不一般。第二天，荀彧派人对耿纪说："有杜畿这样的国士而不向朝廷举荐的话，还要我们干什么呢？"荀彧见了杜畿后，就像老相识一样，于是就向朝廷推荐杜畿。

郭泰是东汉的著名学者。魏昭还是个孩子的时候，要求服侍郭泰，替他打扫庭院。郭泰说："孩子，你应该认真钻研学问，为什么要这样来接近我呢？"魏昭回答说："找一位老师容易，而找一位道德高尚、学问高深的老师实在是太难了。"

伊川传易　觉范论诗

程颐是宋朝著名的理学家，世称伊川先生。有一次，他到四川成都游历，看到街上有位箍桶匠手里拿着《易经》在读，感到很惊讶，便跟他谈论《易经》的学问，想不到箍桶匠在《易经》方面的造诣颇高。

宋朝人彭觉范是个和尚，很会写诗。他有个师弟叫超然，善于论诗，超然说："诗，贵得于天趣。"觉范便问他怎么才能得天趣，超然说："能知萧何所以识韩信，就可以识天趣。"觉范不同意此说，但又说服不了超然。

董昭救蚁　毛宝放龟

汉朝人董昭之渡钱塘江时，看见江面上浮着的芦苇上趴着一只大蚂蚁，就将芦苇引到岸边，救了那只蚂蚁。后来，董昭之被人诬陷，关在监狱里，忽然有许多蚂蚁将他身上的枷锁咬断了，董昭之便逃出了监狱。

晋朝人毛宝，看见渔夫捉到一只白龟，便出钱将龟买下放生。后来，毛宝与石虎作战，战败准备投江自杀，水里却有一个东西，将他驮回岸边，毛宝一看，原来是他早年放生的白龟。

乘风宗悫　立雪杨时

宗悫是南北朝时人，年轻时，他的叔父问他的志向，他回答说："愿乘长风破万里浪。"他在南朝宋时为豫州太守、振武将军，后被封为洮阳侯。

北宋哲学家杨时，曾拜著名理学家程颐为师。有一天，杨时去拜访程颐，遇上程颐在打瞌睡，杨时站在门外没有离开。程颐醒后，见他还站在门外，便让他退下，这时门外积雪有一尺多深了。

阮籍青眼　马良白眉

晋人阮籍是当时的名士，是“竹林七贤”之一，他蔑视礼教，对那些凡夫俗子，他常常白眼相看，而对他喜欢的人就青眼(正眼)相看。

三国时的马良，字季常，兄弟五人都才能出众。马良眉毛中有白毛，人们说：“马氏五常，白眉最良。”马良在蜀汉曾任侍中。

韩子孤愤　梁鸿五噫

韩非子是战国时期著名的思想家，法家学派的代表人物。他曾写成《孤愤》等文章，阐述其理论。秦王嬴政读了他的书后深为叹服，说：“我如果能与此人相见，死而无憾。”

梁鸿是东汉时期有名的气节之士，他见当时的统治者骄奢淫逸，就写了《五噫歌》予以讽刺。他与妻子孟光非常恩爱，成语“举案齐眉”就是讲他们的婚姻故事。

钱昆嗜蟹　崔谌乞麋

宋朝人钱昆最喜欢吃螃蟹，将从京官调任地方官，人们问他愿去哪里，他说哪里有螃蟹吃就去哪里。

北齐时西河郡太守崔谌，向李绘索取麋角、鸽羽，李绘断然拒绝，并讽刺他说：“鸽有六羽，飞则冲天；麋有四足，走便入海。下官手足迟钝，不能近追飞走，以事佞人！”崔谌讨了个没趣。

隐之卖犬　井伯烹雌

晋朝人吴隐之，当时任谢石(淝水之战的主将)的主簿，家贫无以嫁女，只好让婢女牵一只犬卖掉。

百里奚是春秋时期人，字井伯，家里很穷，原在楚国当奴隶，秦穆公用五张羊皮为他赎身，后又封他为丞相。他的妻子打听到他在秦国当了大官，便到秦国去。有一天，百里奚坐在大厅饮酒作乐，一个女人弹琴唱道："百里奚，五羊皮。忆别时，烹伏雌，饮扊扅。今日富贵忘我为？"百里奚听歌词讲的是自己的事，便详细询问，才知道她是自己从前的妻子，于是他们恢复了夫妻关系。

枚皋敏捷　司马淹迟

西汉枚皋，文辞敏捷，擅长作赋，扬雄评价说："军旅之际，戎马之间，飞书驰檄，则用枚皋。"

司马相如是西汉著名的辞赋家，他的辞赋文采宏丽，但构思淹迟，扬雄评论说："庙廊之下，朝廷之上，高文典册，则用相如。"

祖莹称圣　潘岳诚奇

南北朝时的祖莹，八岁时就精通《诗经》、《尚书》，家里人不让他苦读，他常常将灯光遮盖起来读书，人们称他为"圣小儿"。

晋朝人潘岳，风流倜傥，文才盖世。小时候他带着琴坐车出门，许多妇女都将果子扔进车里，常常是满载而归，人们称他为奇童。

紫芝眉宇　思曼风姿

唐朝人元德秀，字紫芝，品行高洁，曾任鲁山县令，后隐居陆浑山中，置名利于度外，为世人所敬仰。房琯说："见紫芝眉宇，使人名利之心都尽。"

南北朝人张绪，字思曼，风姿清雅。有人将一株柳树献给齐武帝，齐武帝非常爱惜，感叹说："此柳风流可爱，似张绪当年。"

毓会窃饮　谌纪成糜

钟毓、钟会都是三国时著名书法家钟繇的儿子。他们年幼时，偷父亲的酒喝，钟毓拜而后饮，钟会饮而不拜，事后父亲问钟毓为什么要拜，钟毓回答说："酒以成礼，不敢不拜。"又问钟会为什么不拜，钟会说："偷本非礼，所以不拜。"

陈谌、陈纪是东汉名士陈寔的两个儿子。他们兄弟还很小的时候，有次家里来了客人。陈寔吩咐他们去做饭，吃饭时间早已过了，可饭还没有上桌。陈寔问他们为什么迟迟不把饭端出来，陈谌跪着对父亲说："父与客语，儿辈窃听，炊忘著箪，今皆成糜（粥）。"陈寔问他们："你们刚才听到了什么？"两个儿子跪着把刚才偷听到的话一字不漏地复述了一遍，陈寔说："如此吃粥也好，何必吃饭？"

韩康卖药　周术茹芝

东汉人韩康，字伯林，常在长安市场上卖药。他卖药二十多年从不讲价。一次，一个姑娘向他买药，这姑娘不认识韩康，便想讲价，韩康不肯让价，姑娘很生气，说："公是韩伯休耶？乃不二价。"韩康说："我本欲避名，今小女子皆知有我焉，还在这里卖药干什么呢？"就到霸陵山中隐居。

周术是汉朝著名的隐士，一生淡泊名利，他曾经作《采芝歌》："莫莫高山，深谷逶迤。晔晔紫芝，可以疗饥。唐虞世远，吾将何归？驷马高盖，其忧甚大。富贵之畏人兮，莫如贫贱之肆志。”

刘公殿虎　庄子涂龟

北宋刘安世任台谏官，敢于向皇帝提意见，有时皇帝震怒了，他也只是执简退立一旁，等皇帝气消了，再谏，有时甚至谏四五遍，直至皇帝接受为止。人们称他为“殿上虎”。

庄子在濮水边钓鱼，楚威王派人传话说希望把政事委托给他。庄子瞧也不瞧一眼，继续钓鱼，说：“我听说楚国有只神龟已经死了三千年了，楚王把它的壳盛在匣子里，用红布包着，供在庙堂上。请问，这只龟是留下龟甲让人恭恭敬敬地供在案头好呢，还是让它拖着尾巴在烂泥地里爬好呢？”来人说：“当然活着好。”庄子说：“那就请你们走吧！我还是愿意拖着尾巴在烂泥地里爬。”

唐举善相　扁鹊名医

战国人唐举，善于看相。一次蔡泽找唐举看相，对唐举说：“富贵吾所自有，所不知者寿也。”唐举说：“今以往可四十三岁。”蔡泽满意地说：“富贵四十三岁足矣。”蔡泽后来果然做了宰相。

扁鹊是战国时的名医，一次魏文侯问他：“你家兄弟三人，谁的医术最高明？”扁鹊说：“长兄疗疾，但治其表，名不出于家；仲兄治其毫，名不出于闾；而我能把血脉，投毒药敷肌肤间，所以能闻名于诸侯。”

韩琦焚疏　贾岛祭诗

宋朝韩琦为谏官三年，将保存的奏疏草稿，集中起来烧掉以保密，这是学习古代名臣的做法。

唐朝诗人贾岛早年为僧。晚年，常在除夕这一天把一年中所作的诗集中起来，用酒肉祭诗，说：“劳吾精神，以是补之。”

康侯训侄　良弼课儿

宋朝人胡安国，字康侯。他有个侄儿叫胡寅，小时候十分顽皮，谁也管不了他。胡安国就把他关在空阁里，阁中有杂木，胡寅在上面刻了许多人物。胡安国又在阁中放上千卷书，一年多时间胡寅就把这些书读完，而且全能背诵，后来胡寅中了进士。

宋朝人余良弼善于教子，他曾写诗教子勤学苦读，诗中写道：“白发无凭吾老矣，青春不再汝知乎？年将弱冠非童子，学不成名岂丈夫！”

颜狂莫及　山器难知

颜延之是南北朝时的著名文人，狂放不羁。有一次，宋文帝召见他，并问他诸子的才能如何，颜延之说：“竣得臣笔，测得臣文，臭得臣义，曜得臣酒。”大臣何尚之问道：“谁得卿狂？”颜延之答道：“其狂不可及。”

西晋人山涛，器量超群。晋武帝与羊祜商量进攻东吴的事，山涛说：“外宁必有内忧，释吴以为外惧，难道不合算吗？”当时人们都佩服他的远见卓识。

懒残煨芋　李泌烧梨

唐朝高僧懒残，隐居在衡山的石洞中。唐德宗派使者召他进京，他只顾埋头烧芋头吃，不肯应诏进京，唐德宗愈加钦佩他。

唐肃宗夜里坐在宫中，李泌及诸王陪着，唐肃宗亲自烧梨给李泌吃，表示对他的敬重。

干椹杨沛　焦饭陈遗

东汉人杨沛任新郑县令时，督促百姓贮藏桑椹干、豆类，积了一千多斛。曹操任兖州刺史时，接汉献帝进京，所带的一千多人没有食物吃。这队人马经过新郑时，杨沛就将贮藏的桑椹干、豆类送给曹操，曹操非常高兴。

晋朝人陈遗，非常孝敬母亲。他的母亲喜欢吃锅巴，陈遗当郡主簿，每次煮饭时，都将锅巴放在袋子里带回家给母亲吃。有一次，遇上战乱，陈遗和许多人一起逃到山里，别人没有东西吃，大多饿死了，只有陈遗因为有锅巴充饥，没有饿死。

文舒戒子　安石求师

东汉人王昶，字文舒，对子侄管教很严，他给侄儿分别起名为王默、王沉，给儿子分别起名为王浑、王深、王沦、王湛。并训诫他们说：“我给你们起这样的名字，就是要你们顾名思义，为人处世时，不要违背名字中所蕴涵的意义。”

王安石想替家中小孩找一位启蒙老师，他要求那位老师必须是品德高尚、学识渊博的人，别人对此感到难以理解，找一位启蒙老师，何必要求那么高呢。王安石说启蒙老师是打基础的，对孩子将来影响很大。

防年末减　严武称奇

汉景帝时，防年的继母陈氏杀死了他的父亲，防年就将继母杀了。司法长官认为防年大逆不道，应当处以极刑。汉景帝决断不下，年仅十二岁的太子刘彻在旁边说："继母如母，缘父之故。今继母杀其父，下手之时，母道绝矣，是父仇也，不宜以大逆论。"景帝听了儿子的话，就将防年从轻发落。

唐朝人严武八岁时，他父亲宠爱小妾玄英而冷落了自己的母亲，严武为此愤愤不平，趁玄英熟睡时，将她砸死。佣人们告诉他父亲说，严武不小心杀死了玄英。父亲问严武是否真的如此，严武说："哪里有朝中士大夫宠爱小妾，而冷落儿子的母亲的呢？我是故意杀死玄英的。"父亲听了儿子的话，觉得十分惊奇。

邓云艾艾　周曰期期

邓艾是三国时魏国的名将，他平蜀有功。虽然说话结结巴巴，但应对敏捷。有一次，晋武帝跟他开玩笑说："卿云艾艾，乃是几艾？"邓艾说："凤兮凤兮，故是一凤。"艾就是结巴的意思。

周昌是西汉初年的大臣，直言敢谏，但说话结巴。刘邦想废掉太子刘盈，周昌坚决不同意。刘邦要他说出理由，周昌说："臣口不能言，然期期以为不可。陛下欲易太子，臣期期不奉诏。"期期是口吃人讲话的语气。

周师猿鹄　梁相鹓鸱

周穆王南征，一军尽化，君子化为猿和鹄，小人化为虫和沙。

战国时期，惠施任梁国的国相。庄子去看他，有人对惠施说庄子是来夺他相位的。惠施很恐慌，就派人到处搜捕庄子，搜了三天三夜也没搜到。后来还是庄子自己找上门来，并且说："南方有鸟，名鹓雏，你知道吗？它从南海出发，飞到北海，不是梧桐树不栖息，不是竹实不吃，不是甜美的泉水不饮。有一次，鸱找到一只腐烂的老鼠，鹓雏刚好从它头上飞过，鸱仰起头来，叫了一声'吓！'你是想用梁国来吓我吗？"

临洮大汉　琼崖小儿

秦始皇二十六年，在临洮出现了十二个巨人，他们个个身长五丈，脚上穿着六尺长的鞋子，身着夷服。这一年，秦始皇灭掉了六国，认为临洮出现巨人是一种祥瑞，就把天下的兵器收集起来，熔铸成十二个铜人。

北宋人李守忠奉宋太宗的命令出使琼崖，遇到杨避举，杨把李守忠请到家里。杨避举的父亲都已经一百二十多岁了，他祖父一百九十五岁。后又抬头看见屋梁上有个鸡窝似的东西，里面伸出个人的脑袋，一打听原来是杨家的前代祖先，不说话也不吃东西，不知道究竟已经活了多少年了。

东阳巧对　汝锡奇诗

明朝人李东阳，善于应对，人称神童。他四岁进京朝拜皇帝时，因门坎太高，迈不过去，皇帝就说："神童足短。"李东阳答道："天子门高。"皇帝让李东阳坐下，李东阳的父亲站立殿下，皇帝说："子坐父立，礼乎？"李东阳对道："嫂溺叔援，权也。"皇帝又说："螃蟹浑身甲胄。"李东阳说："蜘蛛满腹经纶。"

宋朝人陈汝锡从小就聪明过人，他曾将自己写的诗句"闲愁莫浪遣，留为痛饮资"给大诗人黄庭坚看，黄庭坚非常赏识。

启期三乐　藏用五知

周朝人荣启期，为人乐观豁达，常常一个人弹琴唱歌，悠然自得。有一次，孔子游泰山，遇到荣启期，就问他："先生为什么这么快乐？"回答说："我有很多快乐的理由：天生万物，人最尊贵，我能够做人，这是一乐；男尊女卑，我是男子，这是二乐；人生有在襁褓中就死了的，我已活到九十五岁，这是三乐。贫穷是读书人的常事，死是人生的终结，我现在过着普通人的生活，颐养天年，等待着死神的召唤，还有什么不快乐的？"

宋朝人李若拙，字藏用，曾作《五知先生传》自勉自励，即知时、知难、知命、知退、知足也。

堕甑叔达　发瓮钟离

汉朝人孟敏，字叔达，为人刚直果断。他旅居太原时，背着的饭甑突然掉在地上，摔得粉碎，他连看都不看一眼继续往前走，当时的名士郭泰看见了，就问他为什么这样做，回答说："已经破了的甑，看了有什么用？"郭泰很钦敬他，就劝他努力学习，后来终于学业有成。

汉朝人钟离意任鲁王的相国，出钱修理孔庙，他的下属张伯在殿堂下除草，捡到七枚玉璧，他把六枚交给钟离意，一枚留给自己。殿堂下有一个瓮，钟离意把他打开，里面有用红漆写的竹简，上面写着："后世修吾书，广川董仲舒。护吾车，拭吾履，发吾笥，会稽钟离意。璧有七，张伯怀其一。"钟离意问张伯，张伯只得如实交代。这故事把孔子写成了一个未卜先知的神灵。

一钱诛吏　半臂怜姬

宋朝张咏任崇阳县令，有个管仓库的小吏拿了一枚铜钱。张咏看见了，认为这是盗窃国库，便棍打小吏，小吏顶撞说："一个铜钱算什么，你能用棍子打我，但不能杀我！"张咏见他目无法纪，便提笔写判决书说："一日一钱，千日千钱，绳锯木断，水滴石穿。"写完判词后便拔剑亲自把库吏给杀了，然后向上级反映自己没有按法律处理库吏盗窃国库的行为。

宋朝人宋祁和许多姬妾在锦江宴乐。酒宴正酣，忽然天气转冷，宋祁叫人拿一件半臂衣(短袖上衣)来。姬妾们每人都送一件来，宋祁见了为难起来，怕厚此薄彼，只好哪一件都不穿。

王胡索食　罗友乞祠

晋朝人王胡之，曾经住在东山，生活非常清贫。乌程县令陶胡奴知道他生活艰难，便派人送一船米给他。王胡之觉得这米不能接受，便说："我如果饿了，就到谢仁祖那儿去索食，不须陶胡奴米。"

晋朝人罗友年轻时好学，但喝酒成性，喜欢乞讨别人祭祀之后的酒食吃。桓温常常责备他说:“求食为何不到桓府?”罗友傲慢地回答说:“就公乞食,今乃可得,明日已复无。”桓温听了大笑起来,便上表推荐他做了襄阳太守。

召父杜母　雍友杨师

西汉人召信臣在上蔡县当县令时,爱民如子,当地老百姓都很拥护他,把他当做自己父亲一样尊敬,人们称他为“召父”。东汉人杜诗,任南阳太守时,除暴安良,免去老百姓的徭役,老百姓非常感激他,称他为“杜母”。

南宋抗金将领张浚问杨用中说:“你曾在梁洋一带做官,那里有可以做朋友的人吗?”杨用中回答说:“杨冲远可以为师,雍退翁可以为友。”

直言解发　京兆画眉

唐太宗时,贾直言的父亲犯罪受罚,贾直言替他父亲把毒酒喝下,当场就死了。可过些时候他又活过来了,后来他和父亲一起被流放到南海。出发前他对妻子说:“生死不可期,吾去汝亟嫁。”他妻子董氏一句话也不说,拿绳子把头发扎起来再用头巾封住说:“非君手不解。”

汉朝人张敞担任京兆尹,赏罚分明,当地有权势的人物,都很规矩。掌管弹劾的官员告诉汉宣帝说张敞曾经替他妻子画过眉毛,宣帝问张敞有没有这回事,张敞回答说:“闺房之事,更有过于此者。”皇上没有再追究。

美姬工笛　老婢吹篪

晋朝人石崇有个美貌无比的侍姬叫绿珠,善于吹笛,石崇非常宠爱她。

北魏河间王元琛当秦州刺史时,当地发生羌人叛乱,元琛率军镇压，久攻不下。元琛便令善于吹篪的婢女朝云化装成贫苦的老太婆，吹篪行乞，那些羌人听了她吹篪的声音，流下了思乡的眼泪，很快便投降了。人们说："快马健儿，不如老婢吹篪。"

五 微

敬叔受饷 吴祐遗衣

何敬叔是南北朝时人，担任长城县县令时，为政清廉，不骚扰百姓，不接受贿赂。有一年，粮食歉收，百姓挨饿，但租税不能不交。何敬叔便想出一个主意：在家门口贴上一张榜文，宣布最近几天，他愿意接受馈赠。那些想贿赂他的人，不几天就送来二千八百石米，何敬叔用这些米替贫民交了租税，自己颗粒不留。

汉朝人吴祐，任胶东王的国相，为政仁简，下属也不敢徇私舞弊。曾有一个下属用百姓的钱为自己父亲买了件衣服，这下属的父亲知道了，非常愤怒，责令儿子向长官自首。这名下属向吴祐自首后，吴祐严厉地批评了他，要他回去向父亲请罪，并把那件衣服送给了他父亲。

淳于窃笑 司马微讥

淳于髡是战国时齐王的女婿。楚国将要攻打齐国，齐威王派淳于髡带黄金百斤和车马十驷到赵国请救兵。淳于髡仰头大笑，齐王问他为什么笑，他说："有一个农夫用一点猪肉和薄酒祭神，希望神保佑他来年丰收，粮食满仓，牛羊遍野。我看他'持者狭而欲者奢'，所以觉得好笑。"齐威王这才明白他笑"礼薄欲奢侈"，于是便把礼物加到黄金千镒，白璧十双，车马百驷。到了赵国，赵王很高兴，便很慷慨地借十万精兵给齐国。楚王一听到这个消息，便连夜撤军回国。

唐朝人卢藏用原来隐居京都附近的终南山，后来在长安做了官。遇到天台山道士司马承祯从长安回山。卢藏用指着终南山对他说："这座山里也有很好的去处，何必要到天台山修炼呢？"司马承祯回答说："依我看，这是条捞官最简捷的道路罢了。"卢藏用听了很惭愧。

子房辟谷　公信采薇

西汉张良，字子房，曾对人说："吾今封万户侯，此布衣之极，于良足矣，愿弃人间事，跟着赤松子游。"于是辟谷学道。辟谷，不食五谷，道教的一种修炼术。

周武王伐纣，孤竹国国君的两个儿子公信、公远拦在路上叩马而谏，认为文王才去世就用兵，是不仁、不孝，武王不听。商纣亡国后，他二人认为再侍奉周王是可耻的，便隐居首阳山，采薇当粮食充饥，最后兄弟俩都饿死在山中。

卜商闻过　伯玉知非

春秋时卫国人卜商，字子夏，是孔子的学生。因儿子去世了，子夏非常难过，眼睛都哭瞎了。他的同学曾子去慰问他，数他三条罪状：一是有假冒孔子之嫌；二是父母死了谁都不告诉；三是儿子死了眼睛都哭瞎，弄得人人皆知。子夏听了，赶忙拜了几拜，表示认错。

春秋时卫国大夫蘧瑗，字伯玉，五十岁那年才知道自己前四十九年的过失。

仕治远志　伯约当归

晋朝人谢安，曾隐居东山，后经多次征召，出山担任桓温手下的司马之职。当时有人送桓温草药，其中有一味药叫远志。桓温问谢安："这药为什么又名小草？"谢安没有回答，一旁的郝隆说："此甚易解，处则为远志，出则为小草。"他是想借此解释讽刺谢安。

三国时蜀汉的大将姜维，字伯约，从小父亲就死了，母子相依为命。后为了功名利禄，投奔了诸葛亮，和母亲分离。过了一段时间，得到了母亲的来信，母亲在信中叫他设法买当归，而姜维给母亲回信说："良田百顷，不在一亩；但有远志，不在当归也。"

商安鹑服　章泣牛衣

鹑服是贫苦人穿的破旧衣服。荀子说："子夏之衣，悬结如鹑。"

汉朝人王章生病没被盖，用牛蓑衣御寒。他哭泣着与妻子诀别，妻子喝住他，不让他哭。后来王章当京兆尹要弹劾王凤，他妻子劝他"人当知足"，要记住牛衣对泣时。王章不听，被陷害而死。

蔡陈善谑　王葛交讥

北宋人蔡襄和陈亚，两人在金山寺相见。酒酣耳热时，蔡襄便在屏风上题字道："陈亚有心终是恶。"陈亚立即向人要笔题道："蔡襄无口便成衰。"在座的人都笑得前俯后仰。

晋朝人诸葛恢跟丞相王导争论姓氏先后。王导说："何不言葛王，而言王葛。"诸葛恢反驳说："譬如言驴马，不言马驴，驴宁胜马耶？"

陶公运甓　孟母断机

晋朝人陶侃，任广州刺史时，在州里闲来无事，便白天运一千块砖到书斋里，夜晚再运出去。别人问他为什么这么做，他说："吾方致力中原，过尔优逸，恐不堪事，故自劳耳。"

孟子的母亲为了给孟子营造良好的学习环境，曾三次搬家。一次孟子对母亲说不想学习，孟母非常生气，把正在机上织的布剪断，对孟子说："你荒废学业，就像我刚才剪断机上的布一样，前功尽弃了！"孟子理解了母亲的用心，日夜勤学，终于成了受后人崇拜的"亚圣"。

六 鱼

少帝坐膝　太子牵裾

晋明帝司马绍是晋元帝司马睿的长子，小时候聪明敏捷。有一次，他坐在元帝膝上，正遇上长安派使者来，元帝问他："你说太阳和长安哪个地方离这里远？"他答道："长安近，不闻人从日边来。"元帝听了很高兴。第二天，宴请群臣的时候，元帝想让儿子表现一下，当场又问儿子，谁知儿子居然答道："日近。"元帝听了脸色都变了，问他："为什么回答得跟昨天不一样？"司马绍说："举头见日，不见长安。"这个回答很巧妙，出乎大家意料。

西晋的愍怀太子小时很聪明，他五岁时，有一夜宫中失火，晋武帝登楼观火，太子拉着武帝的衣裾，让他站到暗处。武帝问他为什么这样做，太子说："深夜宫中突然失火，应有所戒备，陛下贵为天子，不应站在明处观火，以免发生不测。"

卫懿好鹤　鲁隐观鱼

春秋时期，卫懿公特别喜欢鹤，他让鹤乘车，并让鹤吃官俸。后来，狄人攻打卫国，卫国的百姓不愿助战，他们说："让鹤去打仗吧，鹤享有禄位，我们什么也没有，怎么能作战呢？"结果卫国被打败了，卫懿公也被杀死了。

春秋时，鲁隐公准备到棠地观鱼。臧僖伯劝谏说：“凡物不足以讲大事，其材不足以备器用，则君不举也。”鲁隐公说：“吾将略地焉。”于是前往观鱼，臧僖伯称疾不从。

蔡伦造纸　刘向校书

东汉蔡伦改良了造纸术，他用麻头、树皮、破布、旧鱼网等原料造纸，大大地降低了成本，提高了质量，人们称他造的纸为“蔡侯纸”。

刘向是西汉著名的学者，他奉汉成帝命在天禄阁校正《五经》，当时正是元宵节，人们都到外面去观灯游玩，只有刘向一人闭门校书。

朱云折槛　禽息击车

西汉成帝时，朱云为槐里令，上书皇帝请借尚方剑斩佞臣张禹。成帝大怒，命令把他拉出去斩首。拉他时，他死命抓住殿槛，结果连殿槛都拉断了。他说：“我能够与龙逄、比干游地下，死也值得。”成帝听了就赦免了他，并下令不要修理殿槛，留着表彰忠直之臣。

春秋时期，禽息向秦穆公推荐百里奚，穆公不接受。禽息就用头撞击大车，连脑浆都流出来了，说：“我活着对国家没有益处，不如死了算了。”秦穆公被他这种以死荐贤的方式所感动，就重用百里奚，结果使秦国富强起来。

耿恭拜井　郑国穿渠

东汉耿恭，在光武帝时任戊己校尉，带兵戍守西域的疏勒城时，被匈奴包围。匈奴断了城中的水源，耿恭叫将士们挖井取水，挖了十五丈深还没见到水。耿恭就整理衣冠，向井拜了两拜，顷刻之间，泉水喷涌而出。将士们将水高高扬起，让匈奴人看，匈奴人见了，以为有神灵相助，便退兵了。

战国时期，韩国想使秦国劳民伤财，削弱秦国的实力，便派水工郑国到秦国游说，劝秦国凿泾水修渠。后来，秦国察觉了韩国的意图，便要杀死郑国，郑国对秦王说："修渠只能使韩国延长数年之国运，却能给秦国带来万世之利。"秦王听了，觉得郑国的话很有道理，便让他继续修渠，渠修成后，能够灌溉农田四万多顷，带给了秦国长久之利。

国华取印　添丁抹书

宋朝人曹彬，字国华，在他一周岁时，父母在他面前摆上许多东西让他抓，曹彬一手抓着干戈，一手抓着官印。后来，曹彬因功被封为鲁国公。

唐朝人卢添丁年幼的时候，喜欢用笔在书本上乱涂乱抹，常常把书涂得黑黑的，他的父亲就写诗戏道："忽来案上翻墨汁，涂抹诗书如老鸦。"

细侯竹马　宗孟银鱼

汉朝人郭细侯，为官清正廉洁，善于以恩德感化百姓。他任地方官时，每次到下面视察，常常有几百个小孩子骑着竹马在路旁欢迎他。

宋朝人蒲宗孟为翰林学士，宋神宗说："翰林职清地近，但仪仗不显赫，从今开始应该佩戴银鱼。"翰林学士佩戴银鱼，就是从蒲宗孟开始的。

管宁割席　和峤专车

三国时期，管宁和华歆同坐在一张席子上读书。有一辆坐着高官的华贵车子从门前经过，管宁聚精会神地继续读书，华歆则放下书本去看热闹。管宁对华歆说:“你不是我的朋友。”说完,就用刀将席子割开。

晋朝人和峤是一代名士,晋武帝时曾任中书令,按晋朝的规矩:秘书监、中书令同坐一辆车。和峤不喜欢当时的秘书监荀勖,荀勖也看不惯和峤,二人不愿同乘一辆车,于是本该是秘书监、中书令同坐的车,便成了和峤的专车了。

渭阳袁湛　宅相魏舒

晋朝人谢绚曾在公众场合戏弄自己的舅舅袁湛,袁湛不堪忍受,就斥责他的外甥说:“从前你父亲戏弄我,现在你又来戏弄我,难道还有渭阳之情吗?”渭阳之情,即甥舅之情。

晋朝魏舒,小时在外婆宁氏家生活,由宁氏抚养成人。宁氏盖房子,风水先生说:“必出贤甥。”魏舒很自负地说:“当为外家成此宅相。”魏舒在晋武帝时当了司徒。

永和拥卷　次道藏书

南北朝人李永和,只以弹琴读书为乐,把家产交给别人经营,自己只管阅读、校订图书,他常常感叹说:“丈夫拥书万卷,何暇南面百城。”多次辞谢朝廷的征召。

晋朝人宋次道喜欢藏书,他家的藏书都是校订过好几次的善本。当时的藏书家中,以宋次道家藏书善本较多。他家附近,常常有许多读书的士大夫租住,以便随时向他家借书。

镇周赠帛　宓子驱车

唐朝人张镇周,舒州人。唐高祖武德年间任舒州都督。到任之时,他置办酒席，请亲朋好友前来饮用。席间，他送了许多钱财布帛给亲友们，并且说："今日与各位亲朋宴饮，明日我就以都督的身份治民，官民礼隔，不复交游。"从那以后，亲朋好友都规规矩矩，遵纪守法，舒州境内，秩序井然。

春秋时期，鲁国人宓不齐到单父任长官。他赴任之时，当地的权势人物纷纷驾车在半路上迎接他，宓不齐将他们统统赶走。宓不齐到了单父后，尊重年老的人，亲近贤德的人，与他们一道共同治理单父。

廷尉罗雀　学士焚鱼

汉朝人翟方进，文帝时任廷尉，因他地位很高，经常宾客盈门。后来被罢官后，那些门客纷纷离去，翟府前门可罗雀。后又被任用，那些门客又想回到翟府。翟公便在门上写道："一死一生，乃知交情；一贫一富，乃见交态；一贵一贱，交情乃见。"

南北朝学士张褒，梁天监年间，御史弹劾他不称学士之职。张褒气愤地说："碧山不负我。"就焚毁学士佩戴的银鱼，吹着口哨走了。

冥鉴季达　预识卢储

宋朝的杨季达，当他还是平民百姓的时候，客居在成都某家，这家主人的妻子是个年轻妇女，向杨季达调情，杨季达严肃地拒绝了她。有人在梦里告诉杨季达的妻子："你夫独处他乡，坐怀不乱，神明知之，科考时定会高中。"第二年杨季达果然中了进士。

唐朝的卢储，把自己所作的诗文送给尚书李翱看。李翱把它放在桌子上，他的长女见了，细读数遍后对侍女说："这个人一定会考上状元。"第二年，卢储果然中了状元，并与李翱的长女结为夫妻。

宋均渡虎　李白乘驴

东汉人宋均任九江太守时，境内多次发生老虎伤人的事件。老百姓设置了许多陷阱，但陷阱不仅伤害了不明就里的人，也无法消除虎患。宋均说："老虎为害，是因为吏治不明。从今以后，务必斥退奸贪之人，进用忠善之人，并且撤掉陷阱。"那以后，老虎都渡江跑到别处去了。

唐朝诗人李白在外游历时，曾经骑着驴经过华阴县，县令不让他骑驴过境。李白说："予生西蜀，身寄长安。天上碧桃，惯餐数颗。月中丹桂，曾折高枝。曾使龙巾拭唾，御手调羹，贵妃捧砚，力士脱靴。想知县莫尊于天子，料此地莫大于皇都，天子殿前尚且容许我骑马，华阴县里不许我骑驴？"县令非常吃惊，赶忙向李白赔礼道歉。

苍颉造字　虞卿著书

传说黄帝时的史官苍颉，善于观察鸟的足迹，虫的花纹，并由此创造了文字，取代了以往结绳记事的方法。

战国时虞卿游说赵孝成王，被任命为赵国的上卿，他曾经著书八篇，世称《虞氏春秋》。

班妃辞辇　冯诞同舆

西汉成帝游幸后宫时，叫班妃跟他同乘一辆车，班妃辞谢说："观古图书，圣贤之君皆有名臣在侧，三代末主，才有嬖妾。今欲同辇，得无近似之乎？"听了班妃的话，成帝只好作罢。

南北朝时的冯诞，是北魏道武帝的宠臣。据说两人同桌吃饭，同在一张席子上睡觉，同乘一辆车，知遇之恩，无人能比。

七 虞

西山精卫 东海麻姑

传说女娃是炎帝的女儿，她到东海游玩时，不幸溺死。她的冤魂化成精卫鸟，常到西山衔取木石投进东海，想把东海填平。

传说仙人麻姑对那些求仙问道的人说："东海已经多次经历沧海桑田的变化。"她的说法，表明社会发展变化很快。

楚英信佛 秦政坑儒

刘英是汉光武帝的第六个儿子，曾被封为楚王。汉明帝时，刘英曾派人到天竺求佛，带回了佛经及僧人。从那个时候起，佛教就传入了中国。

秦始皇讨厌儒生对他的施政措施说三道四，便下令焚毁《诗经》、《尚书》及诸子百家的著作，并坑杀了四百六十多个儒生。

曹公多智　颜子非愚

曹操为人多智谋，他先后打败马超、韩遂，人们十分佩服他。许多人纷纷来看他，曹操笑着说："你们要看我是个什么人吗？我跟普通人一样，并没有四目两口，只是富于智慧罢了。"

颜回，字子渊，是孔子的弟子。他天资聪颖，很小的时候就到孔子门下求学，孔子赞扬他说："回也不愚。"

伍员覆楚　勾践灭吴

伍员，字子胥，春秋时楚国大臣伍奢的儿子。伍奢因为劝谏楚平王而被处死。伍员逃到吴国，得到吴王的信任，吴王让他带兵攻打楚国，他一举攻入楚国都城。当时楚平王已死，伍员叫人挖开楚平王的坟墓，将楚平王的尸体鞭打三百下，报了杀父之仇。

春秋时期，吴王夫差进攻越国。会稽之战中，越王勾践战败被俘，勾践用范蠡之计与吴国议和。回国以后，勾践卧薪尝胆，立志复仇。后来终于灭了吴国，雪了会稽之耻。

君谟龙片　王肃酪奴

宋朝人蔡君谟任福建转运使时，造出了一种小片龙茶，非常贵重，每斤值黄金二两。

南北朝人王肃原本不爱吃羊肉及奶酪，只爱吃鲫鱼羹，喜欢饮茶。后来，他与北魏高祖拓跋珪相会，也跟着吃起酪粥来。魏高祖很奇怪，就问他为什么突然改变了饮食习惯，王肃回答说："羊比齐鲁大邦，鱼比邾莒小国，惟茗不中，与酪为奴。"人们于是将茶称为酪奴。

蔡衡辨凤　义府题乌

东汉光武帝时，有只高五尺、毛羽五彩而多带青色的鸟，栖息在槐树上，十天了都不飞走。人们都认为是凤鸟。太史令蔡衡说："凡像凤者有五：多赤者凤，多青者鸾，多黄者鹓雏，多紫者鸑鷟，多白者鹔鷞。今多青乃鸾，非凤也。"

唐朝李义府第一次见到唐太宗，唐太宗以乌为题要李义府作一首诗。李义府说："日里扬朝彩，琴中伴夜啼。上林多少树，不借一枝栖。"诗中没有一个"乌"字，却把乌鸦的形象刻画出来了，而且希望皇帝给他"一枝栖"。唐太宗很满意，说："当全树借汝，怎么只借一枝？"于是就让他当御史。

苏秦刺股　李勣焚须

战国时期，苏秦游说秦国，秦王不用苏秦。苏秦穷困潦倒，穿着破衣烂衫回家。家里人对他很冷淡，妻子依然坐在织机上织布，嫂嫂不给他做饭，父母不认他做儿子。苏秦决心发奋读书，瞌睡来了的时候，他就用锥子刺大腿。过了一年，他的学业大有长进，就游说六国诸侯联合抗秦，六国很信任他，让他当了合纵长，佩六国相印。

李勣是唐朝著名的功臣，唐太宗很信任他。有一次，李勣的姐姐生病了，他亲自为姐姐煮粥，将胡须烧着了，姐姐说："有那么多仆人，何必要自己亲自动手呢？"李勣说："不是因为没人，而是现在姐姐老了，我也老了，想长期替姐姐煮粥，还能有多少次这样的机会呢？"

介诚狂直　端不糊涂

北宋人石介，写文章批评时政，无所顾忌。他在《庆历圣德诗》中写道："众贤之进，如茅斯拔；大奸之去，如距斯脱。"诗中的"奸"指夏竦，夏竦对他非常嫉恨。

北宋人吕端，宋太宗时曾任宰相，宋太宗曾说他小事糊涂，大事不糊涂。宋太宗病重时，宣政使王继恩想趁机更换太子，吕端立即催请太子入宫。宋太宗死后，吕端将王继恩锁在书阁里，亲自扶着宋真宗登基即位，挫败了王继恩的阴谋。

关西孔子　江左夷吾

汉朝人杨震，精通经史，博览群书，拜他为师的有一千多人，当时人们称他为关西孔子。

王导是晋朝人，善于出谋划策。当时江左处于草创时期，温峤非常忧虑，便找王导商谈国事。经过一番谈论，温峤放心了，高兴地说："江左自有管夷吾，我还有什么忧虑的呢？"

赵抃携鹤　张翰思鲈

北宋人赵抃，弹劾不避权贵，京师人都称他为铁面御史。在四川做官，只带一琴一鹤自随。再次到四川做官，琴、鹤也不带，只带一个随从仆人料理生活。

晋朝人张翰，在齐王手下任大司马东曹掾。他预知齐王将要失败，见到秋风起，便想到了家乡的鲈脍莼羹之美，感叹说："人生贵适意耳，何能羁宦数千里以邀名爵乎？"就回到家乡。不久，齐王失败被杀，人们都佩服他有先见之明。

李佳国士　聂悯田夫

汉朝李元礼和聂季宝同县，聂季宝想见李元礼，但考虑自己出身贫苦，不敢见。后来两人终于相见，一交谈，李元礼就说：“此人当做国士。”后来果真像李元礼所说的那样。

五代诗人聂夷中，善于写诗，他在《伤田家》一诗中写道：“二月卖新丝，五月粜新谷，医得眼前疮，剜却心头肉。我愿君王心，化作光明烛，不照绮罗筵，遍照逃亡屋。”

善讴王豹　直笔董狐

春秋时卫国人王豹善于唱歌，他家住在淇水旁，当地人受他的影响都变得善于唱歌了。

春秋时晋国人董狐，是位严正的史官。当时赵穿在桃源杀死了晋灵公，而身为正卿的赵盾没有出来讨伐赵穿，所以董狐秉笔直书：“赵盾弑其君。”

赵鼎倔强　朱穆专愚

南宋人赵鼎，他主张抗金，但金人依然很敬重他。宋朝使者到金国，金人一定要问李纲、赵鼎安否。秦桧因赵鼎不主张议和，把他贬到吉阳军。赵鼎照例写谢表向皇帝谢恩，秦桧见此后就决心置之于死地。三年后，赵鼎绝食而死。

汉朝人朱穆，他专心讲学、读书，不参加社交活动，不管俗事。有时糊里糊涂地丢失衣帽，甚至摔跤跌倒。他父亲认为他是专愚，竟不知道马有几条腿。

张侯化石　孟守还珠

汉朝人张颢任梁王的国相。一天雨后，他看见一只样子像山雀的鸟突然坠落在地并变成了石头。张颢用铁锤把石头敲破，原来石头里面有一颗金印，上面刻着“忠孝侯印”四个字。他就向皇帝报告，皇帝便把它藏在秘府里。

汉朝人孟尝，顺帝时担任合浦太守。当地不产五谷，只产珍珠。前任太守贪婪地索取珍珠，使珍珠蚌纷纷迁移到交趾水域。孟尝革除以前的弊端，合理取珠，那些逃走的珍珠蚌便纷纷回到合浦。这样，珍珠生意繁荣起来，百姓获得了实惠，大家都称赞孟尝。

毛遂脱颖　终军弃繻

毛遂是战国时平原君赵胜的门客。秦国攻赵，邯郸危急，赵王派平原君向楚国求救。平原君要选文武双全的门客二十人随行，选了十九人，还差一个，毛遂自荐随往。平原君说：“贤士处世，譬如锥之处囊，其末立见。”毛遂说：“臣今日请处囊中，必脱颖而出，不只是末现而已。”平原君带着毛遂到了楚国，在毛遂的帮助下，平原君圆满地完成赵王交代的使命。

汉朝终军，能文善辩，他从济南步行入关时，官吏发给他繻帛(汉朝时出入关隘的凭证)，终军问这有什么用，官吏告诉他这是返回时的凭据。终军说：“大丈夫西游，有去无还。”说完，扔下繻帛就走。汉武帝时，终军曾任谏议大夫，他向武帝提议“请受长缨以羁南越王颈，致之阙下”。

佐卿化鹤　次仲为乌

唐朝人徐佐卿，是蜀中的道士。天宝年间，唐玄宗到沙苑打猎，射中了一只鹤，那只鹤带着箭向西南方向飞走了。安史之乱时，唐玄宗逃到四川。有一天，他到一座道观游玩，看见墙壁上有一支箭，就是他以前射到鹤身上的那支箭，玄宗才知道，那只鹤就是徐佐卿变的。

秦朝有个道士叫王次仲，他将苍颉造的文字衍化成了隶书。秦始皇知道他有才能，多次派人召见他，他都不从命。秦始皇非常生气，命令用囚车将他押来，王次仲却变成一只大乌鸦飞走了。

韦述杞梓　卢植楷模

韦述是唐玄宗时的史官。安禄山叛乱，韦述抱着唐朝国史资料藏到南山去。韦述兄弟六个都是当官的，张说称赞他们说："韦家兄弟，人之杞梓。"杞梓都是优质木材，这里是比喻出类拔萃的人才。

东汉卢植，刚毅有大节。董卓之乱时，董卓要废掉汉朝皇帝，其他人都唯唯诺诺，只有卢植发表了不同意见。曹操评价他说："卢植名著海内，学为儒宗，士之楷模，国之桢干。"

士衡黄耳　子寿飞奴

晋朝文学家陆机，字士衡。他养了一头良犬，名叫黄耳。陆士衡羁留京师时，常常靠这条犬给他传递家信。

唐朝人张九龄，字子寿。他年轻时喜欢养鸽子，与家里人通信时，将信系在鸽子腿上，让它传递。他把鸽子称为"飞奴"。

直笔吴兢　公议袁枢

唐朝人吴兢，敢于秉笔直书。他曾经与刘子玄共同撰写《武后实录》，书中提到了对张说不利的一段往事。张说当了宰相后，多次恳求吴兢修改那段史事，吴兢拒绝说："如果徇你的私情，还能称为什么实录？"始终没有修改，人们称他是古代良史董狐一类的人。

宋朝人袁枢修撰国史时，章子厚因跟他是同乡，求他在传中多说好话。袁枢说："我为史官，依法不能为人隐恶；宁负乡人，不可负天下后世公议。”

陈胜辍锸　介子弃觚

陈胜是秦末农民起义的领袖，未起兵时，他曾为人当长工。耕田时，他扔下手中的农具，走到田垄上休息，说：“苟富贵，无相忘。”有人说：“你为人当长工，哪来的富贵？”陈胜感叹地说：“燕雀哪里知道鸿鹄远大的志向呢？”后来他起兵抗秦，自称将军，建立了张楚农民政权。

汉朝人傅介子从小就有远大的志向，喜欢读书，十四岁时，他曾经扔下手中木简说：“大丈夫应该立功异域，怎么能坐在屋里做个老儒生呢？”汉昭帝时，他奉诏出使西域，立下功劳，被封为义阳侯。

谢名蝴蝶　郑号鹧鸪

宋朝人谢逸，他以蝴蝶为题材，写了三百多首诗，诗中有不少佳句，人们称他为“谢蝴蝶”。

唐朝诗人郑谷，以《鹧鸪》诗闻名于世，被人称为“郑鹧鸪”。

戴和书简　郑侠呈图

汉朝人戴和，每次得到密友，都要焚香禀告先祖，并将此事记载在

简牍上，叫做“金兰簿”。金兰簿上写着这样的交友誓词：“卿乘车，我戴笠，他日相逢下车揖；君担簦，我跨马，他日相逢为君下。”

宋朝人郑侠，在朝中做官时，体恤民情。有一年大旱，百姓扶老携幼，到处流亡。郑侠叫画工画了一幅《流民图》呈献给宋神宗，宋神宗看后，废除了一些不利百姓的法规。

瑕丘卖药　邺令投巫

唐朝人瑕丘，在街上卖药达一百多年，造福世人，人们称他为“谪仙”。

战国时期，西门豹任魏国的邺令。邺地巫风很盛，巫婆勾结当地豪绅为河伯娶妇，将老百姓的姑娘投入河中，“嫁”给河伯。百姓对此敢怒而不敢言。西门豹到任后，将巫婆投入河中，吓得其他人都跪地求饶，这才废止了当地的陋俗，百姓拍手称快。

冰山右相　铜臭司徒

唐玄宗时，杨国忠任右丞相，专横跋扈，人多趋附。有人劝进士张彖也投靠杨国忠，张彖说：“你们认为杨右相是泰山，我认为他不过是一座冰山罢了。太阳一出来就会融化，到时你们不是没有了依靠吗？”

东汉灵帝时，卖官鬻爵公行。崔烈用五百万钱买得司徒的官职，他问自己的儿子崔钧说：“我位居三公，外面的议论如何？”儿子说：“人们说你满身铜臭。”

武陵渔父　闽越樵夫

东晋黄道真，武陵人，以捕鱼为生。有一次，他驾着渔船沿溪而行，忽然来到一个两岸尽是桃林的地方。他被眼前的风光迷住了，便舍舟登岸，发现了一个石洞。从洞口进入，只见里面桑竹成林，鸡犬之声相闻，民风淳朴，里面的人不知道外面世界的变化。黄道真出来以后，将此奇遇告诉人们，陶渊明据此写成了著名的《桃花源记》。

闽县东山有个榴花洞。唐代宗永泰年间，樵夫蓝超在山中砍柴时，看见一只白鹿，便去追赶。白鹿逃进一个石洞里，蓝超也追进去，洞里面房舍俨然，鸡犬之声相闻。里面的人告诉蓝超，他们是避秦时之乱逃到这里的，并留蓝超跟他们一同生活。蓝超婉言谢绝了，洞中人便送给他一枝榴花，让他出了洞。

渔人鹬蚌　田父獍卢

战国时期，赵国准备攻打燕国，苏秦代燕王劝说赵王说："我今天过易水时，看见河蚌出来晒太阳，一只鹬啄咬蚌肉，河蚌将壳合拢夹住鹬的长嘴。鹬说：'今日不雨，明日不雨，必有死蚌。'蚌说：'今日不出，明日不出，必有死鹬。'鹬和蚌相持不下，渔夫见了，将他们一起得到了。如果燕赵相攻，我恐怕秦、楚等大国将会成为得利的渔翁。"赵王听了，就放弃了攻燕的计划。

战国时，齐国准备攻打魏国，淳于髡对齐王说："韩子卢是天下的良犬，东郭獍是海内闻名的狡兔。韩子卢追赶东郭獍，追过了几座山，犬、兔都已精疲力竭，被一个耕田的农夫一起捡到了。现在如果齐魏相攻，两败俱伤，只能是强秦大楚坐收农夫之利。"齐王听了，只得罢兵。

郑家诗婢　郗氏文奴

郑玄是汉朝著名的学者，他家的奴婢都酷爱诗文。

晋朝人郗愔，他家有个奴仆，很会写文章。大书法家王羲之也很喜欢他，称他为"文奴"。

卷 二

八 齐

子晋牧豕 仙翁祝鸡

汉朝人子晋，喜欢吹竽，常年在野外放猪。七十岁了还没有娶妻，一点儿也不显老，他每天只吃菖蒲根，饮泉水。

晋朝人祝鸡翁，养了一千多只鸡，他给每只鸡都取了名字，早晨放鸡、晚上收鸡时，都呼唤着鸡的名字。现在人们呼鸡的时候，都叫“祝祝”，就是从这里起源的。

武王归马 裴度还犀

周武王灭了商纣王后，回到丰镐，偃武修文，将战马放到华山之南，把牛放在桃林的原野，表示天下太平，从此不再使用武力。

唐朝宰相裴度，年轻时看相的人说他会饿死。有一次，他到香山寺游玩，看见有个妇人将犀带放在栏杆上，拜完佛忘记带走。裴度捡到那条犀带，寻访到那位妇人将犀带还给了她。从前给他看相的人见了，高兴地说：“你积有阴德，必将前程万里。”后来，裴度果然大贵。

重耳霸晋　小白兴齐

重耳是春秋时晋献公的儿子，他遭到献公宠妃骊姬的迫害，被迫在外流亡十九年。后来他回国当了晋国的国君，变法图强，多次打败其他诸侯国，成为各国诸侯的盟主，被称为“春秋五霸”之一。

小白是齐桓公的名字，他当上齐国的国君以后，重用管仲进行改革，使齐国成为春秋时期的强国。他曾“九合诸侯，一匡天下”，成为“春秋五霸”之一。

景公禳彗　窦俨占奎

齐景公二十二年，彗星出现，在当时这是不祥之兆。景公对此非常忧虑，准备祷祭。晏子说：“大王高台深池，赋敛无度，刑罚酷暴，更大的不祥将会出现，祷祭有什么用？”晏子的意思，是劝齐景公改良国政，体恤民情，这比祷祭更有益处。

宋朝人窦俨曾为翰林学士，他精通天文术数，曾经预测说：“丁卯年，五星当聚于奎，奎主文明，预示天下太平。”后来，五星果然聚集在奎宿，正如窦俨所预测的那样。

卓敬冯虎　西巴释麑

明代卓敬，十五岁时在宝香山读书。风雨之夜，他从山上回家，迷了路。黑暗中，他遇到一头动物，以为是头牛，就骑着他回家，进门一看，原来是只老虎。冯，古读“凭”，骑乘的意思。

秦国人西巴，曾为孟孙氏的门客，他跟随孟孙氏打猎时，捉到了一头小鹿。孟孙氏让他将小鹿运回府中，西巴看见母鹿可怜巴巴地跟着他走，于心不忍，就把小鹿放了。后来，孟孙氏让西巴做他儿子的老师，孟孙氏说:“您对小鹿都有不忍之心,难道会不爱我的儿子吗?”

信陵捕鹞　祖逖闻鸡

战国时魏国公子无忌,被封为信陵君。一天,在吃饭时,一只受惊的鸠鸟飞进房子,躲到桌子底下;接着一只鹞飞了进来,信陵君把鸠鸟放走,鹞又追出去,啄死鸠鸟。信陵君很痛心,说:“鸠鸟到我这里避难,投奔我,可我辜负了它。”便命令手下人捕捉鹞,一共捉了三百多只。信陵君按剑审问那些鹞说:“谁是罪犯?”那只啄死鸠鸟的鹞赶忙低头认罪,信陵君就把它杀了,放走了其他的鹞。于是信陵君慈爱的名声传遍了天下。

西晋末年,北方羯人首领石勒作乱,攻陷洛阳。祖逖带着一百多名部下移居江南,立志恢复北方失地。他和刘琨一起当司州主簿时,两人睡一张床铺,黎明时听到鸡叫声,他就用脚轻轻地踢刘琨,说:“此非恶声也!”便一同起床舞剑。晋元帝任他为豫州刺史、奋威将军,他积极北伐,几年时间,便收复黄河以南大片失地。

赵苞弃母　吴起杀妻

东汉人赵苞,任辽西太守。他带母亲前往赴任,途中,母亲被鲜卑军人劫持作人质。赵苞悲愤地对母亲说:“本来想用微薄的俸禄奉养您,但我是朝廷官员,从道义上说不能顾及私情。”赵母回答说:“人各有命,何得相顾,以亏忠义!”赵苞带兵迎敌,母亲因而被害。赵苞悲伤过度,随之呕血而死。

吴起是春秋时期魏国人,在鲁国做官,他的妻子是齐国人。有一次,齐国准备攻打鲁国,鲁国想拜吴起为将军,又顾忌他的妻子是齐国人这层关系,因而迟疑不决。吴起知道后就把妻子杀死,向鲁国表示他是可靠的,希望鲁国能任命他为将军。

陈平多辙　李广成蹊

西汉人陈平,家庭非常贫苦,住在偏僻的小巷子里,用破席遮门。同乡中有个富翁张负,他孙女嫁了五次,死了五个丈夫,人们认为她克夫,没人敢娶她。陈平表示要娶她,张负说:"陈平虽然贫寒,但他家门外有许多长者的车辙。"于是就把孙女嫁给了陈平。

李广是西汉的一代名将,但一生没有封侯。汉武帝曾经说李广口不能出词,战战兢兢像个乡里人,但天下人都仰慕他,正如谚语所说:"桃李不言,下自成蹊。"

烈裔刻虎　温峤燃犀

烈裔是秦朝时的雕刻工人,刻了两只白玉虎,这两只白玉虎像真老虎一般,仿佛会跑会跳会嚎叫,可惜就是没有用黑漆点上眼睛。秦始皇便派工匠在夜里给玉虎点上了眼睛。到了天明白玉虎便不见了,原来已经逃走了。第二年,南郡献上两只白虎,秦始皇认真一看,乃是玉虎,他命人除去虎眼,这两只虎才没有跑掉。

晋朝人温峤,担任都督江州军事。相传牛渚水深多怪物,温峤经过此地时,点燃犀牛角,只见水底有各种奇形怪状、叫不出名字的东西,还有穿着红衣骑马而过的。不久,水底怪物把犀牛角的火覆灭了。夜里,温峤做了一个梦,梦里有人责备他说:"幽明有别,何故相犯?"

梁公驯雀　茅容割鸡

唐朝的狄仁杰,因功被封为梁国公。早年母亲去世,在家守制,有白雀驯扰之祥。

茅容是东汉人,四十多岁了,在野外耕种时,在一棵树下避雨。大多数避雨的人随随便便地坐着,姿态很不雅观,只有茅容正襟危坐。郭宗林觉得这个人很特别,就要求到他家里借宿。第二天茅容杀鸡做饭,郭宗林以为是招待他,谁知茅容把鸡端给母亲吃,自己和客人吃着粗茶淡饭。郭宗林说:“卿贤矣哉,真吾友也。”他劝茅容刻苦学习,茅容最终成了一位道德修养很高的人。

九 佳

禹钧五桂 王祐三槐

五代窦禹钧,五个儿子一个接一个地中进士做了官,人们称是“五子登科”。冯道写诗赠他说:“燕山窦十郎,教子有义方。灵椿一株老,丹桂五枝芳。”

宋朝王祐奉命出使魏州,太祖答应他完成使命后,就给他司徒的官职。可是回京后,符彦直冤枉他,他不但没有升职,反被贬职。亲朋好友讥笑他,但王祐相信自己是清白的,便在庭院里亲手种下三棵槐树,说:“吾子孙必有为三公者!”后来,他的次子王旦做了宰相,于是便建造了“三槐堂”作为纪念。

同心向秀 肖貌伯偕

晋朝人向秀,跟山涛、嵇康、吕安关系友善,他们志同道合,关系非常密切,在当时是少见的。

唐朝张伯偕跟他弟弟仲偕长得一模一样。仲偕娶妻时,他的妻子居然把伯偕误作自己丈夫,闹了个大笑话,他妻子从此不敢走出房门一步。后来兄弟俩只好穿不同的衣服来区别谁是谁。

袁闳土室 羊侃水斋

东汉陈蕃举荐袁闳出来当官，桓帝特别优待，派出一辆只能坐一人的专车接他。后来发生了党锢之祸，陈蕃等被害，袁闳筑土室隐居，闭门谢客十八年，只在早晚时向母亲行礼，即使自己的儿子也不得见。

南北朝人羊侃曾在两艘船之间造三间通梁水斋，用锦缎装饰，设立帷幕屏障，还有女乐队。一路行船时，在船上置酒欢会，两岸观看的人人山人海。

敬之说好 郭讷言佳

唐朝人项斯，风度翩翩，擅长写诗。杨敬之曾写诗赞扬他："几度见君诗尽好，及观标格胜于诗。平生不解藏人善，到处逢人说项斯。"

晋朝人郭讷，在洛阳时曾听歌妓唱歌，大为赞赏。石崇问他歌妓唱的什么曲子，郭讷说不知道。石崇嘲笑他说："你不知道她唱的什么曲子，为什么叫好呢？"郭讷回答说："就像看见西施，何必要知道她的姓名，然后才称她美呢？"

陈瓘责己 阮籍咏怀

宋朝人陈瓘在礼部当官，跟范淳甫同舍。两人言谈中，陈瓘因不了解程伯淳，便写文章责备自己不知道当世贤人。

西晋人阮籍是"竹林七贤"之一，起初他写文章时，常常不假思索，草草成篇。后来遭遇乱世，常常担心有什么祸患从天而降，有感而发，写成了《咏怀》诗八十多首。因为其中多名篇佳句，故有十七首入选《昭明文选》。

十　灰

初平起石　左慈掷杯

晋朝人黄初平，年轻时在山中牧羊，遇见一位道士，将他引入金华的山洞中，修炼了四十多年。黄初平的哥哥黄初起在山中找到了他，问他羊在哪里，他说：“在山的东面。”他哥哥前去一看，只见许多白石。黄初平喝一声：“羊起！”石头都变成了羊，有几万头，黄初起从此就跟着弟弟学道。

左慈是东汉末年人，懂得仙术。曹操将他召入宫中，将他关在一间屋子里，整整一年，没给他东西吃，他颜色如故。曹操想向他学道，左慈说：“学道之人应该清静无为。”曹操就想杀掉左慈。有一次，曹操在宫中宴请左慈，左慈用簪子将杯中的酒划开，自己饮左边的，另一半给曹操喝。待曹操喝完，左慈将酒杯朝屋梁上一扔，酒杯化作一只飞鸟，不知飞到哪里去了。

名高麟阁　功显云台

西汉宣帝时，因天下太平，就叫画工在宫中的麒麟阁上画上霍光、赵充国、苏武等十一位功臣的图像，并写明他们的姓名官爵，以表彰他们对朝廷的贡献。

东汉明帝时，朝廷将邓禹等二十八位中兴功臣的图像画在洛阳南宫的云台上，称为“云台二十八将”。

朱熹正学　苏轼奇才

南宋朱熹一生研究儒学，遍交当时的儒学名流，著述六经，深得儒学的真谛。人们称他是儒学之集大成者，孔孟的正宗传人。

宋朝人苏轼，文才出众，与父亲苏洵、弟弟苏辙一起被称为“三苏”。苏轼任翰林学士时，宣仁太后曾赞他为：“奇才！奇才！”赐坐并让人为他沏茶。

渊明赏菊　和靖观梅

东晋诗人陶渊明辞官以后，隐居栗里，种菊东篱，把酒赏菊，怡然自得。

宋朝人林和靖，隐居西湖边达二十年。他在住宅的四面种了许多梅花，整天赏梅，并赋有许多有名的咏梅诗，其中“疏影横斜水清浅，暗香浮动月黄昏”两句尤为脍炙人口。

鸡黍张范　胶漆陈雷

汉朝人张劭跟范式是好朋友，同在太学求学。分别时，范式跟张劭约定，两年后去拜谒张劭的母亲。到了约定的日期，张劭让母亲准备鸡黍等待范式，张母说：“二年之别，千里结言，何必当真？”张劭说：“范式是讲信用的人，一定会如约而来。”结果，范式如期到达。

汉朝人雷义与陈重是好朋友。汉顺帝时，朝廷选征茂才，雷义让给陈重，刺史一定要选雷义，雷义坚持不应命。后来两人同举孝廉，同拜尚书郎。人们评价他们的友谊说：“胶漆自谓坚，不如陈与雷。”

耿弇北道　僧孺西台

东汉光武帝刘秀兵至邯郸，耿弇率兵归顺，刘秀准备跟耿弇一道向蓟州进发，他的部下说：“死当南首，为什么北行钻入别人的口袋中呢？”光武帝指着耿弇说：“没问题，这是我的北道主人。”表现了光武帝对耿弇的充分信任。

唐朝牛僧孺，曾在伊阙当县尉。传说如果县里有人进入御史台做官，县前水塘中会露出滩头；如果是进入西台(中书省)做官，还会有一双鸂鶒飞来。后来县前水塘真的露出滩头，还有一双鸂鶒飞来。不久，牛僧孺果真被任命为西台御史，并兼任宰相。

建封受贶　孝基还财

唐朝张建封没有发达时，穿着破衣服坐在树下。尚书裴宽乘船归汴，傍晚时，他的船泊在树下，裴宽主动跟张建封谈话，觉得他很不一般。裴宽说：“以君才识，岂长贫贱！”便把船上的金银财宝和奴仆全部送给张建封。后来，张建封当了大官，镇守徐州达十年之久。

宋朝人张孝基娶了同村一个富人的女儿为妻，富人只有一个儿子，很不争气，富人便把他赶出家门，不认他做儿子，并把全部家产给了张孝基。富人死后，他的儿子沦为乞丐，张孝基十分同情他，就让他灌园、管仓库，培养他爱劳动、勤俭持家的好习惯，并把岳父送给他的全部家产还给他。

准题华岳　绰赋天台

北宋寇准，八岁时曾以华山为题写过一首诗，其中写道："只有天在上，更无山与齐。"他的老师跟他父亲说："能写出这样的诗句，贤郎怎能不做宰相？"

晋朝人孙绰博学能文，他任永嘉太守时，听说天台山神奇秀美，就叫人把天台山的风景画出来。他根据图画写成了一篇《天台赋》，赋写成后，他拿给朋友看，朋友说："卿试掷地，当作金石声也。"

穆生决去　贾郁重来

汉朝楚元王任命穆生为士大夫，对他很敬重。穆生不会喝酒，楚元王每次设宴，都特意为穆生准备甜酒。到王戊嗣位设宴，有一次忘记了准备甜酒，穆生说："我该走了，醴酒不设，王意怠矣！"于是决意离开了。

五代时人贾郁在一个县当官。离任的时候，一个下属醉酒骂他，贾郁生气地说："吾再来必惩之。"那个下级说："公若再来，犹如铁船渡海。"谁知后来贾郁真的又被派到这个县当官，那个下属因为盗窃库钱受到惩办。

台乌成兆　屏雀为媒

汉朝人朱博担任御史大夫。府前有大柏树，几千只乌鸦在上面做窝，所以后来御史台被称为乌台或乌府。

北朝窦毅有个女儿，幼年时就会读《列女传》，且过目不忘。窦毅特别喜欢这个女儿，不轻易许配人家。后来，他让人在屏风上画两只孔雀，只有射中孔雀的眼睛者，才被招为女婿。李渊射了两支箭，各射中孔雀一只眼睛，窦毅就把女儿嫁给了他。李渊就是唐高祖，窦氏就是窦皇后。

平仲无术　安道多才

北宋寇准，与张咏关系密切。寇准当了宰相，张咏任陈州知州。张咏对下属说：“寇公奇才，惜学术不足耳。”后来，张咏叫寇准读《霍光传》，寇准读到“(霍光)不学无术”一句时，笑着说：“张公谓我矣。”

宋朝人张安道，从小就非常聪明，过目不忘，写文章从不打草稿，当时人称他为天下奇才。

杨亿鹤蜕　窦武蛇胎

传说宋朝人杨亿刚出生时是一只小鹤，后来才变成一个婴儿。

据说汉朝人窦武是和一条蛇一同出生的。

湘妃泣竹　钽麑触槐

传说尧帝把两个女儿娥皇、女英都嫁给舜帝做妻子。舜帝南巡，在苍梧逝世。娥皇、女英一路跟来，在洞庭湖听到舜帝驾崩的消息，挥泪痛哭，泪洒在竹子上，竹子染上斑点成了斑竹即湘妃竹。后来她俩投湘江而死，成了湘水女神，人们称她们为湘妃或湘夫人。

钽麑是个大力士，晋灵公派他去行刺赵盾。一大早，天微亮，钽麑来到赵盾府上，见赵盾已穿好朝服准备上朝。钽麑见了，认为赵盾是位贤人，便不忍心杀他。但考虑无法交差，便自己撞死在槐树上。

阳雍五璧　温峤一台

汉朝人阳伯雍在路旁免费供应茶水三年。有一次，一个喝茶的人问他：“何无菜羹？”回答说：“无种。”于是这人送他一升菜籽，并说：“种此生美玉，并得好妇。”阳伯雍把菜籽种了下去。这时北平徐家有个女儿还没有对象，阳伯雍去求婚，徐家说：“得白璧一双当为婚。”阳伯雍就到种籽的地方挖掘，结果挖出五枚玉璧。婚事成了，挖璧的地方被称作“玉田”。

晋朝人温峤，学识渊博，文章写得非常好，是一位美男子。他姑母请他帮忙为自己的女儿找个女婿，温峤说：“佳婿难得，如峤者何如？”姑母说：“怎么敢想有你这般条件的？”不久，温峤告诉姑母说：“得之矣，门第人才，不减于峤。”便送来一枚玉镜台作聘礼。举行婚礼那天，新娘撩开头上的婚纱笑着对温峤说：“我早就猜到是你了。”

十一　真

孔门十哲　殷室三仁

孔子的弟子分四科，共十人，称“十哲”。

商纣王无道，箕子向纣王进谏，纣王讨厌他多嘴，便把他关起来。箕子料想大祸临头，便装疯跑去当奴隶。王子比干抱着不怕死的决心向纣王讲祖宗创业的艰难，要纣王平心静气地想一想，纣王听了勃然大怒，便把他的心挖了出来，纣王的堂兄微子启看情况不妙便赶紧逃到荒野去了。孔子认为这三位表现虽然不同，但动机都是一样的，便称他们为“殷室三仁”。

晏能处己　鸿耻因人

何晏是东汉末年人，小时候聪明伶俐，曹操非常喜欢他，想收他为义子。一天，何晏在宫中的地上画了一块正方形，自己站在中间。别人问他是什么意思，他说："此乃何氏之庐。"曹操知道不能勉强，便把他送回去了。

东汉人梁鸿，从小就是孤儿，他很有志气。一次，邻居的饭做好了，好心地叫他趁灶火还热去做饭，他觉得这是瞧不起他，便回答说："我不会借别人的余热。"一直等到灶火完全灭了，他才重新点火做饭。

文翁教士　朱邑爱民

西汉人文翁，景帝时任蜀郡太守。他崇尚文化教育工作，兴办学校，改变风俗，派司马相如等十八人到长安跟博士学习，回来再教授学生。汉代郡国办学，文翁是第一个，后来才有人仿效。

汉代人朱邑，任北海太守，临终前，他嘱咐儿子说："我本是桐乡的低级官吏，遗爱在民，民实爱我，死必葬我于桐乡。"他的墓葬在桐西二十里处，百姓立祠纪念他。

太公钓渭　伊尹耕莘

姜子牙八十岁时在渭水边钓鱼，周文王打猎从渭水边经过，用车把姜子牙载回，高兴地说："吾太公望子久矣。"所以人们把姜子牙称为"太公望"。周武王称他为"师尚父"。

商朝大臣伊尹，是商汤妻子的陪嫁奴隶，地位低微，喜欢谈论尧舜的治国之道。商汤赏识并任用他，他便帮助汤灭掉了暴君夏桀，建立了商朝。

皋惟团力　泌仅献身

唐朝曹王李皋，代宗时任江西节度使，他向士兵们传授团力之法。当时，李希烈作乱，曹王李皋大败李希烈，使李希烈东畏曹王李皋，西

畏李兼，不敢复窥江淮。

有一年端午节，文武百官纷纷向唐代宗献礼，只有李泌不献，唐代宗问他说："先生何独无献？"李泌回答说："从头巾到鞋子，都是陛下所赐。我所剩下的只是一个身体，有什么好献的呢？"代宗说："我所需要的正是你的献身精神。"

丧邦黄皓　误国章惇

三国时蜀国后主刘阿斗，宠信宦官黄皓。而黄皓胡作非为，连大将姜维都被赶出了成都。魏国派邓艾、钟会进攻蜀国，结果，朝中无将，蜀国灭亡了。

北宋章惇帮助王安石推行新法，他用人不当，出了许多问题，所以反对派说章惇误国。

鞅更秦法　普读鲁论

战国时的商鞅，在秦国进行变法，使秦国逐渐富强起来。

赵普曾担任宋太祖、宋太宗两朝宰相，他坚持每天研读《论语》。他曾对宋太宗说："臣有《论语》一部，以半部佐太祖定天下，以半部佐陛下定太平。"《论语》是记录孔子及其弟子言行的书，而孔子是鲁国人，所以又叫“鲁论”。

吕诛华士 孔戮闻人

周武王封太公望于齐，齐地有个叫华士的人。他不肯向周天子称臣，也不跟各诸侯国往来，但当地人都称赞他有才有德。姜太公几次召见他，他都不理，结果姜太公把他定了个“逆民”之罪杀了。

孔子曾在鲁国当司寇，上任才七天就把大夫少正卯杀了。他的学生子贡问他：“少正卯是鲁国的名人，为什么杀他？”孔子解释说：“天下大恶有五：心逆而险，行僻而坚，言伪而辩，记丑而博，顺非而泽，少正卯兼而有之，不可不除。”

暴胜持斧 张纲埋轮

汉武帝天汉二年，泰山瑯琊出现了许多盗贼，武帝派暴胜之等官员拿着板斧追捕犯人，刺史、郡守以下许多官员都伏法受诛。听说当地有个才德出众的贤人叫隽不疑，暴胜之就去拜访他，向他请教，隽不疑对暴胜之说：“凡为官吏，太刚则折，太柔则废；恩威并用，才可善后。”他的这套统治权术使暴胜之大开眼界，脸色逐渐变了，变得越发恭敬。

张纲是汉顺帝时的御史，当时顺帝派张纲等八位廉洁正直的大臣出京巡查风俗，惩治贪官污吏。张纲走到洛阳都亭就不走了，气愤地把车轮埋在当地，他说：“豺狼当道，安问狐狸！”认为贪污腐败的总根子就在顺帝身边，就上疏弹劾大将军梁冀和梁冀的弟弟梁不疑。梁冀感到这个人是个极大的威胁，便派他做广陵太守。

孙非识面 韦岂呈身

宋朝人孙抃，时任御史中丞，他向皇帝举荐唐介、吴敦复为御史。

他和这两个人没有什么交情，甚至不知道他们长得怎样，只是因为这两个人刚直、耿介出了名，所以才推荐他们。

唐朝人韦澳，武宗时就中了进士，但等了十年都没有做官。高元裕当御史中丞时，想让韦澳当御史，便叫人传话要韦澳去见他。韦澳拒绝了，他说："恐无呈身御史。"到宣宗时期，他当了翰林，为官清正，不随波逐流。

令公请税　长孺输缗

晋朝裴楷当了中书令，这职务相当于宰相。他每年督促梁王、赵王这两家皇亲国戚交税百万，用这些钱救济贫苦百姓。有人讥讽他说："何为乞物示恩？"裴楷说："损有余而补不足，天之道也。"

宋代杨长孺在番禺做官，在他将要调离的时候，他已积存了七千贯薪水，他把这笔钱全用来替贫困户交租。

白州刺史　绛县老人

唐朝薛稷有次做了一个梦，梦见"有神以纸封其九锡，拜楮国公、白州刺史，统领万字军"。这是讽刺那些想当大官的人。

鲁襄公三十年，晋悼公夫人给造车的工匠分发食物，看见一位七十多岁的绛县老人也在其中。赵孟知道这事后就召见这位老人，因没有敬老向老人赔礼道歉，并让这位老人当"绛县师"。

景行莲幕　谨选花茵

庾杲之，字景行，南北朝时人，宰相王俭用他当幕僚。当时王俭府里有许多莲花，庾杲之的朋友羡慕他说："庾景行泛绿水，依芙蓉，何其丽也！"

唐朝人许慎，字谨选，为人旷达，不拘小节。他跟亲朋好友在花园举行宴会，不设帐幕，也没椅子，只叫仆人把树上落下的残花聚拢让客人坐，并且还自豪地说："吾自有花茵，何须坐具？"

郗超造宅　季雅买邻

晋朝人郗超，每听说有高尚之士要退隐，便替这些人筹备一大笔资产，替这些人盖房子。他曾替戴安道在剡溪盖了一所很漂亮的房子。

南朝人宋季雅，在吕僧珍家旁买了一幢房子，吕问他这房子花了多少钱，季回答说："一千一百万。"吕很奇怪，这房子哪值这么多钱？宋季雅说："一百万买宅，一千万买邻。"好邻居远远超过大房子的价值。

寿昌寻母　董永卖身

宋朝人朱寿昌，在他七岁的时候，他父亲就逼迫他母亲改嫁。寿昌长大后当了官，但一想起母亲，就不能心安理得地做官了。于是他便弃官回乡，靠刺血抄佛经赚取路费外出寻母，后来终于在四川找到母亲。

汉朝人董永，为了葬父，向乡里姓裴的财主借了一万铜钱，约以身作奴。丧事刚办完，忽然遇见一女子，表示愿意做他的妻子。他们一起到财主家里，裴财主叫他们替他织三百匹绸缎抵债。才一个月，三百匹绸缎就织好了。这时，他妻子对他说："我是织女，因君特别孝，帝令我助君偿债。"说完就凌空飞去。后来织女生了儿子董仲，送还人间交给董永抚养。

建安七子　大历十人

汉献帝建安年间，有七位文人以文章写得好而著称，他们是：王粲、陈琳、徐幹、刘桢、应玚、阮瑀、孔融，史称"建安七子"。

唐代宗大历年间，有十位文人都善于写诗，号称“大历十才子”，他们是：卢纶、吉中孚、韩翃、钱起、司空曙、苗发、崔峒、耿沣、夏侯审、李端。

香山诗价　孙济酤缗

白居易自称香山居士，他写的诗在当时很受欢迎，诗一写出来，人们就争相传抄，他的一首诗在新罗国可换一两银子。

东汉末年的孙济，嗜酒如命，不治产业，常常赊欠酒钱。人们嘲笑他，他却一点也不在意。

令严孙武　法变张巡

孙武是春秋时期著名的将军，精通兵法，善于练兵。有一次，吴王阖闾叫他训练宫中的一百八十名美女。孙武把她们分成两队，每队用吴王最宠爱的妃子当队长。孙武对她们进行训练时，三令五申，她们却视同儿戏，孙武便按军令斩了两个队长，其余的宫女就乖乖地听从指挥了。吴王很欣赏孙武的军事才能，任命他为将军。

唐朝张巡用兵不拘泥于古法，他率军作战，让部下将领出主意。有人问他原因，他说：“胡人善马战，速度快，变态百出，故我们只要兵识将意，将识士情，上下相习，各自为战，就可以获胜了。”他灵活运用兵法，在抵御安史叛军的战斗中发挥了重要作用。

更衣范冉　广被孟仁

范冉是东汉人，年轻时与尹包十分友善，出入时常常同穿一件红色衣服。每次外出访友，年长的尹包先穿着那件红衣进门，出来时把衣服脱下给范冉穿。

东汉人孟仁年轻时，他的母亲为他做了一床又大又厚的被子。人们问她为什么做这么大的被子，孟母说："小儿无德致客，客多贫，故为广被，使之便于广交朋友。"

笔床茶灶　羽扇纶巾

唐代人陆龟蒙，没事的时候，常常乘着小船，带上书、茶灶、笔床、钓具，棹船而游，因而号称"天随子"。

诸葛亮和司马懿对阵于渭南，双方约定交战日期。战前司马懿全副武装，戴盔披甲在军中管事，而诸葛亮则羽扇纶巾，独坐素车指挥军队，三军号令严明。探子向司马懿报告情况，司马懿感叹道："诸葛亮可谓名士矣。"

灌夫使酒　刘四骂人

汉代人灌夫，不喜欢阿谀奉承，对皇亲国戚、有权势的人，他不但不买账，甚至还要凌辱他们；而对贫苦百姓，他却很恭敬。因在宴会上醉酒辱骂丞相田蚡，以"大不敬"之罪，株连三族。

唐朝人刘子翼，因排行第四，所以朋友称他"刘四"。他为人正直，朋友有什么过错，他都当面指责，但从不在背后议论别人。李百药说："刘四虽骂人，人终不恨。"

以牛易马　改氏为民

三国魏的后期，司马懿掌握朝政，当时有一本叫《玄石图》的书里有"牛继马后"的谶语，所以司马懿对姓牛的十分疑忌，曾用毒酒毒死将领牛金。但晋元帝司马睿据说是恭王妃夏侯氏私通姓牛的小吏生下的，真的应了"牛继马后"这句话。

东汉有个叫民仪的人，他本来姓"氏"，孔融取笑他说："氏字民无上,可改为民。”

圹先表圣　灯候沈彬

唐朝诗人司空图,字表圣。他生前就预先为自己开好墓圹,朋友来拜访他,他就把朋友带进墓圹里,边喝酒,边赋诗,显得潇洒脱俗。

唐朝人沈彬,他临终前向自己的亲属指明了他的葬地。挖墓圹时,从地下挖出了石制莲花灯三盏,上面还有一块铜牌,用篆文写着:“佳城今已开,虽开不葬埋。漆灯犹未灭,留待沈彬来。”

十二　文

谢敷处士　宋景贤君

晋朝谢敷,清心寡欲,在若耶山隐居十几年,朝廷多次请他去做官,他都拒绝,宁愿当处士。

宋景公时,上天出现许多不正常的现象,人们感觉灾祸即将降临。宋景公向子韦讨教,子韦说:“祸当君,可移于相。”景公说:“相所与治国家者也。”子韦说:“可移于百姓。”景公说:“百姓死,寡人将为谁君?”子韦说:“可移于岁。”景公说:“岁荒人饥必死,谁以我为君乎?”子韦说:“君有此至德之言,祸象必退。”

景宗险韵　刘辉奇文

南北朝人曹景宗,梁武帝时为右将军,他以武勇闻名。一次,梁武帝举行宴会,要群臣联句,令沈约限韵,联到最后韵字快要用尽了,只剩“竞”、“病”二字了。曹景宗拿笔立即写成:“去时儿女悲,归来笳鼓竞。借问行路人，何如霍去病？”武帝大加赞赏。

宋朝人刘几，写文章好用险语，欧阳修非常讨厌他的这种文风，考试时他的文章被欧阳修认出，结果整张试卷被刷成一片红。以后刘几苦学欧阳修的文风，力戒险语，改名刘辉，再去应试，中了状元，欧阳修知道后大吃一惊。

袁安卧雪　仁杰望云

汉朝人袁安旅居洛阳。有一天下大雪，洛阳令巡视到袁安家门口，只见积雪很厚，不见走路的足迹，以为袁安已经冻死了，便派人除掉积雪，推门进去看。只见袁安僵卧在床上，问他何以不出？他说：“大雪人皆饿，我不应干扰别人。”

唐朝狄仁杰刚出来做官时，担任并州法曹参军，家眷留在河南。一次登上太行山，看见白云在空中飞，便叹息说：“吾亲舍在其下。”说完在那里徘徊了很久。

貌疏宰相　腹负将军

宋朝人王钦若相貌丑陋，举止不雅，脖子上长着一颗肉瘤。曾拿着文章求见钱希白，钱希白瞧不起他。有个算命的人对钱希白说：“此乃

人中之贵，何可轻也？”钱希白说：“中堂内有此等宰相乎？”后来王钦若果然当了真宗的宰相。

据说有一位大将军酒醉饭饱之后，摸着肚皮自豪地说：“我不负汝”。侍从人员对他说：“将军不负此腹，此腹必负将军”。笑他只是个酒囊饭袋而已。

梁亭窃灌　曾圃误耘

梁国大夫宋就担任边县令，当地与楚国接壤。梁亭与楚亭两地都种瓜，梁亭人勤劳，经常给瓜浇水，瓜长得又大又甜；楚亭人很少给瓜浇水，瓜长得又小又不好吃。楚亭人偷偷地掐梁亭的瓜，使瓜枯死，梁亭人发觉后，要报复楚亭人。宋就为了睦邻友好，就对梁亭人说：“人恶亦恶，何褊(狭小、狭隘)之甚。我教子为楚人夜灌其瓜，勿令知也。”梁人偷偷地去替楚人灌瓜，使楚人大受感动，两地关系越来越好。

孔子的学生曾子为瓜田除草，不小心把瓜根弄断了。父亲大怒，用大杖打他。曾子伏在地上让父亲打，被打得昏了过去，很久才苏醒过来。孔子知道后责怪曾子说：“舜事瞽叟，小杖则受，大杖则走。你委身以待暴怒，如身死，则使你父亲背上不义的罪名。这种不孝就大了。”曾子向老师认错并从此改正。

张巡军令　陈琳檄文

唐朝人雷万春是张巡的偏将。令狐潮围攻雍丘时，雷万春站在城上跟令狐潮对话，脸上中了六支箭还一动不动，令狐潮的手下怀疑这是木雕的假人，后来令狐潮对张巡说：“前见雷将军，已知足下军令矣。”

陈琳是“建安七子”之一。他原是袁绍手下的文员，后归顺曹操。曹操非常欣赏他的文才，所有军国文告都叫陈琳起草。曹操有头风病，有一次病发作了，他躺着读陈琳的文稿，读着读着忽然跳了起来说："吾病愈矣！"

羊殖益上　宁越弥勤

春秋时期晋国大夫羊殖，十五岁就能做到不隐瞒自己的错误；二十岁就知道讲仁义；三十岁时当晋中军尉，既勇敢又仁慈；五十岁时，当了边关大将。他身边的人都愿意亲近他，远方的人想归顺他，赵简子称赞他说："果贤大夫也，每变益上。"

战国时人宁越向他朋友请教做学问的问题，朋友对他说："勤学三十年就可以了。"宁越说："别人休息，我不休息；别人睡觉，我不睡觉。十五年就可以了。"于是发奋苦学十三年，终于学业有成，当了齐威王的老师。

蔡邕倒屣　卫瓘披云

东汉人王粲，学识渊博，见多识广，无论问他什么问题，他都能解答。蔡邕非常仰慕他的才略，当他听说王粲在门外等他接见时，连鞋都来不及穿好就"倒屣相迎"了。

晋朝人乐广善于谈论，他的谈话，深刻巧妙，给人一种深不可测之感。卫瓘见了很佩服他，说："此人之水镜也，见之若披云雾而睹青天。"

巨山龟息　遵彦龙文

唐朝人李峤，字巨山，他的兄弟们都在三十岁时就去世了，他母亲很为他担心，就去问袁天罡。袁天罡察看了他的鼻息，都从耳出入，和长寿龟一样，便向他母亲祝贺说："龟息也，必大贵大寿。"

南朝人杨遵彦，六岁就开始读史书，十一岁读《诗经》、《易经》。长辈们都很器重他，说：“此儿乳牙未落，已是我家龙文。”后来杨遵彦当了太子少保，被封为开国公。

十三　元

傲倪昭谏　茂异简言

唐朝人罗隐，字昭谏，诗写得好，性格傲慢，瞧不起庸俗的官僚，不跟庸俗的人交往。

宋朝人吴简言，学问渊博，他是以“茂材异学”走上仕宦道路的，官至祠部郎中。

金书梦珏　纱护卜藩

唐朝有位宰相叫李珏，而当时广陵还有位做粮食生意的李珏，此人心地善良。丞相李珏有一次做梦，梦见自己进入神仙洞府，看见石壁上用金粉写着许多人的姓名，其中也有“李珏”两字，他心中暗暗欢喜，可这时有两个仙童告诉他：“此是江阳部民李珏耳。”

唐朝人李藩，向葫芦生问卜，葫芦生说：“你是纱笼中人。”李藩不懂其含意，后来新罗国的和尚告诉他：凡是当宰相的，在阴司地府，冥官一定用红纱盖在这个人的姓名上加以保护，防止被异物侵害。李藩后来当了宪宗朝的宰相。

童恢捕虎　古冶治鼋

汉朝人童恢在一个地方当县令，当地百姓常被老虎伤害，童恢派人捉来两只老虎，说：“王法：杀人者死。若杀人者，垂头伏罪。不杀人者当号诉。”这时，一只老虎俯首闭目，一只瞪眼大吼。童恢杀了吃人的一只，放了没伤人的一只。

一次，齐景公渡黄河，一只鼋咬住船头沉到水底，船上许多人都害怕，只有古冶子手持宝剑跳到水里跟鼋搏斗，船上的人都称赞他，很佩服他。

何奇韩信　香化陈元

秦汉之际，萧何跟韩信聊天，觉得韩信是奇才，便向刘邦推荐。刘邦不以为然，韩信便离开汉王出走。萧何连夜追回韩信，再次对刘邦推荐说：“诸将易得耳，至如信，国士无双。”刘邦才筑坛拜韩信为大将。

汉朝人仇香，任蒲亭亭长。当地有个叫陈元的人，他母亲向仇香控告儿子不孝，仇香吃惊地说：“守寡养孤，奈何致子于法？”便亲自到陈元家里，教育他要孝顺母亲，后来陈元成了孝子。

徐幹中论　扬雄法言

著名的文学家徐幹是“建安七子”之一，他反对当时流行的解释儒家经典的训诂章句的学问，著了《中论》一书，辞义典雅，是一本好书。

汉朝大学问家扬雄，写了《法言》一书来宣传儒家的传统思想。

力称乌获　勇尚孟贲

乌获是秦武王时的大力士，他能举起大铜鼎，武王喜欢举重，重视力士，所以乌获取得高位。后来，他因为举鼎折断胳膊而死。

孟贲是齐国人，力大无比，能从活牛头上把牛角拔出来。有一次，他跟一些人一起过河，先上船的人不知道他是孟贲就欺侮他。到了河中间，孟贲发怒，目裂发直，船上的人都被他震落到河里去了。

八龙荀氏　五豸唐门

汉朝人荀淑生了八个儿子，个个都以文才著名，人们称他们为“八龙”。

宋朝人唐垌、唐肃、唐询、唐介、唐淑问一家五人相继为御史，人称“一门五豸”。豸是一种没有足的虫子。

张瞻炊臼　庄周鼓盆

张瞻在外做生意准备回家，夜里做了个梦，梦见自己在石臼中煮饭。张瞻就去问善于占卜的王生，王生给他解梦说：“你回家后见不到你的妻子了。在石臼中煮饭，表示是无釜；根据字义，釜去声为妇。”张瞻回家后，他妻子果然死了。

庄周妻子死了，他的好友惠施来吊唁，只见庄周盘腿坐着，边敲打盆子边歌唱，挺快乐的样子。惠施说：“你也太过分了吧。”

疏脱士简　博奥文元

南北朝人张士简，嗜酒洒脱。有一次，他派家童从外地运三千斛米回家，途中损失了一大半，张士简问是什么原因，家童告诉他说：“米被雀鼠吃了。”张士简说：“这些雀鼠真了不得啊！”竟然不予追究。

唐朝人萧文元，性情严酷。他有个仆人名叫杜亮，跟了他十多年。萧文元经常鞭打他，杜亮苦不堪言，别人劝杜亮离开他，杜亮说：“我不是没地方去，之所以留下来，只是因为仰慕他的博奥。”

敏修未娶　陈峤初婚

宋朝人陈敏修，绍兴年间考中进士，宋高宗问他：“请问你今年多大年纪？”陈敏修说：“七十三岁。”宋高宗又问他有几个儿子，他说：“还未娶妻。”宋高宗就将一个姓施的宫女嫁给他。当时人说：“新人若问郎年纪，五十年前二十三。”

宋朝人陈峤，将近六十岁才考中进士。有个读书人家将女儿嫁给他，结婚之日，有人写了两句诗说：“彭祖尚闻年八百，陈郎犹是小孩儿。”

长公思过　定国平冤

汉朝人韩长公，任左冯翊。有一次，他到属县去巡视，遇上两兄弟为了争田打官司，韩长公非常难受，说：“因为我教化不明，导致民间骨肉相争，过错在我。”于是闭门思过。县中人知道后，都自系待罪，争田的两兄弟，也肉袒谢罪，表示再也不争田了。

汉朝人于定国任廷尉，治狱精明，没出现过冤案。人们说：“于定国为廷尉，民自以为不冤。”

陈遵投辖　魏勃扫门

汉朝人陈遵，非常好客，每次宴请客人都先将客人车辖(车轴两端的键)拔下，扔到井里。客人即使有急事，因为车辖已被拔掉，要走也走不成。

汉朝人魏勃想要谒见丞相曹参，但因为送不起礼，进不了丞相门。

于是他就一清早起来，打扫丞相门客门前的卫生。门客见了，就问他是什么原因，魏勃说："愿见相君，无因，故为扫之，借以自通也。"门客于是带领他去见曹参，曹参就让他当了门客。

孙琏织屦　阮咸曝裈

宋朝人孙琏，家境很贫寒，喜爱读书吟诗，亲自种田、编织麻鞋维持生活，活到了一百岁。

晋朝阮咸，旷达不羁，不受礼教束缚。传说七月七日那天，富人们都翻晒绫罗绸缎；阮咸却把下等人穿的粗布围裙挂在竹竿上晒，并且说："未能免俗，只好如此罢了。"

晦堂无隐　沩山不言

宋朝诗人黄庭坚对"吾无隐乎尔"一句不理解，就去请教黄堂寺的晦堂老子。当时正是八月，桂花盛开，馨香扑鼻，晦堂问道："闻到桂花香了吗？"黄庭坚说："闻到了。"晦堂说："吾无隐乎尔。"黄庭坚终于有所领悟，并非常叹服晦堂的学问和解经的方法。

唐朝的香岩禅师参见沩山大师，向他请教佛理。沩山大师不置一言，却让香岩领悟了禅机，香岩十分佩服。

十四　寒

庄生蝴蝶　吕祖邯郸

庄周是道家学派的代表人物，曾经梦见自己化为蝴蝶，不久就醒来了，又变成了庄周。不知道是庄周梦见了蝴蝶还是蝴蝶梦见了庄周，这个梦说明了人生变化无常的道理。

唐朝人吕岩得道成仙后，云游邯郸。在客邸中，恰好遇上主人在那里炊黄粱。当时有个卢生坐在旁边，说自己穷途潦倒，特想做官。吕岩就从一个袋子中拿出一个枕头交给卢生，卢生一下子就进入了梦乡。他梦见自己考中了进士，青云直上，出将入相，享受了五十年的荣华富贵。醒来时，却看见旅店主人的黄粱还没蒸熟。原来是一场梦。

谢安折屐　贡禹弹冠

淝水之战时，谢安在别墅里与客人下棋。当东晋军队在谢玄等人的指挥下打败前秦军队的捷报传来时，谢安一点也没有喜色。客人问前线的消息，谢安只说："小儿辈已破贼矣。"谢安下完棋，进入内室，过门槛的时候，因为太高兴了，摔了一跤，不觉将木屐的上齿折断了。

汉朝人贡禹，与王阳是好朋友。王阳任益州刺史时，贡禹弹冠相庆，因为他知道这下王阳会举荐自己做官了，王阳果然向汉成帝推荐贡禹。

颛容王导　浚杀曲端

晋朝时王敦作乱，堂兄王导也受到牵连。周颛（字伯仁）在元帝面前一再为王导辩护，元帝接纳了周的意见，王导才转危为安。这件事周颛从来没说，王导也完全不知。后来王敦乱兵攻陷建康，问王导："周颛如何？"王导不答，王敦就把周颛杀了。后来王导看到周颛申救自己的表章，非常内疚，哭泣着说："我虽不杀伯仁，伯仁实由我而死。"

南宋人曲端曾任威武将军，善于作战，深得将士拥护。他与宣抚使张浚意见不合，张浚将他流放，后又诬以谋反的罪名将他杀害。

休那题碣　叔邵凭棺

明朝人姚休那，一生恬淡寡欲，不慕名利，精研坟史，不屑仕进。七十岁时，他亲手在自己的墓碑上写道："吊有青蝇，几见礼成徐孺子；赋无白凤，免得书称莽大夫。"

明朝人方叔邵，豪放不羁，喜好吟诗饮酒，书法也很见功力。他生病时，便整顿衣冠坐在棺材中，靠在棺材壁上写下遗诗一首。写完后，躺在棺材里，叫家人在他死后不要敛尸。

如龙诸葛　似鬼曹瞒

东汉末年，诸葛亮隐居隆中，徐庶称他为"卧龙先生"。

曹操，小字阿瞒，机警有权术。他临死时，没有谈及任何重大的事情，只是嘱咐各位侍妾分香卖履。人们评价曹操说："平生奸伪，死见真性，操之所以如鬼也。"

爽欣御李　白愿识韩

东汉末年，李膺品德高尚，是当时的大名士，人们都以跟他交往为荣。荀爽也很崇拜李膺，他曾为李膺驾车，回家后高兴地对人说："今天我为李君驾了车。"可见人们是多么仰慕李膺。

唐朝人韩会，曾经任荆州刺史，以好士荐贤著称。李白流落江汉时，曾经向韩会上书自荐，自荐书中说道："生不愿封万户侯，但愿一识韩荆州。"

黔娄布被　优孟衣冠

黔娄子是战国时期齐国的隐士，他坚守正道，不改变自己的节操，齐威王曾经拜他为师。他死后，人们给他盖了一床布被，盖住了头则露出了脚，盖住了脚则露出了头。曾西说："斜其被则敛矣。"他的妻子说："斜而有余，不若正而不足。"

优孟是楚国的乐工，楚国国相孙叔敖知道他很贤良，就善待他。孙叔敖临死时，嘱咐他儿子说贫苦时就去见优孟。孙叔敖死后，楚王要优孟当他的相国。优孟说："我妻子说千万不要当楚国的相国。孙叔敖尽忠于楚，他死后，儿子没有立锥之地，靠为人担柴为生。当楚国的国相，还不如自杀。"楚王听后，把孙叔敖的儿子召来，将寝丘封给他。

长歌宁戚　鼾睡陈抟

春秋时期，卫国人宁戚因家里贫穷，替人赶车为生。有一次他赶车到了齐国，夜里给拉车的牛喂食时，一边敲着牛角，一边唱着歌，恰好被齐桓公听见了。齐桓公知道他是位贤人，便让管仲将他迎接入宫，并封他为上卿。

宋朝人陈抟，隐居武当山时，有五位老人来给他讲《易经》说："吾日月池中龙也，此非君之所栖。"说完叫他闭上眼睛，乘风而行，一会儿就到了华山，从此在华山隐居下来。他喜欢鼾睡，常常睡一百多天不起来，大概是五龙教给了他蛰法吧。

曾参务益　庞德遗安

曾子患病，曾元抱着他的头，曾华抱着他的脚。曾子对他俩说："我无颜氏之才，无以告子，然君子务益……君子苟能无以利害身，则辱安从至乎！宦怠于官成，病加于小愈，祸生于懈惰，孝衰于妻子。"

东汉庞德公隐居在岘山，从不进城市，荆州刺史刘表多次请他出山，他都不应从。刘表对他说："先生不受官禄，拿什么留给子孙呢？"

庞德公说："人遗之以危，我遗之以安耳！"

穆亲杵臼　商化芝兰

汉朝人公沙穆，年轻时到太学读书，缺钱少粮，就受雇到吴祐家舂米。吴祐跟他谈话，发现他知识渊博，谈吐不凡，便和他交了朋友。因为是在舂米的地方交的朋友，所以称为"杵臼交"。

卜商和端木赐都是孔子的门徒。孔子对他的学生曾参说："吾死之后，商也日益，赐也日损。"曾参问他这是为什么，孔子说："商也好与贤于己者处，赐也悦与不若己者处。不知其人，视其友。故曰与善人居，如入芝兰之室，久而不闻其香，即与俱化矣；与不善人居，如入鲍鱼之肆，久而不闻其臭，即与俱化矣。丹之所藏者赤，漆之所藏者黑。是以君子必慎所与处者焉。"

葛洪负笈　高凤持竿

晋代人葛洪，家贫，又多次遭火灾，家里的藏书都被烧光了，只好背着书箱，徒步求师，遇到好书就抄写下来。

高凤，汉代名儒。有一次，他妻子在庭院晒麦，交代他拿竹竿赶鸡。他一手持竿，一手拿书，念念有词地读着。忽然乌云蔽日，就要下雨了，高凤仍然没有发觉。等到暴雨来临，收麦也来不及了，结果雨水冲走了不少麦子。

释之结袜　子夏更冠

东汉人张释之任廷尉一职，他的朋友王生潜心研究佛经和老庄的著作，是位无心做官的隐士。有一次，王生站在庭院中，袜带松了，他对张释之说："为我结袜。"张释之真的跪在地上为王生把袜结好。从此，人们认为张释之礼贤下士，名声更大了。

汉朝有两个叫杜子夏的人，一个是杜钦，一个是杜邺。两人都字子夏，都因文才而出名，因此这两个人被叫混了。杜钦便想了个办法，为自己特制一顶帽子，高宽都只有两寸，人们称他为“小冠杜子夏”。这样一来杜邺便成了“大冠杜子夏”了。

直言唐介　雅量刘宽

唐介在宋仁宗时担任御史，上奏弹劾威望很高的文彦博“结交后宫，窃取相位”。仁宗看了，龙颜大怒，把唐介贬到英州当别驾。李师中赠诗说：“去国一身轻似叶，高名千古重如山。”

汉朝人刘宽，为人仁慈宽厚。任南阳太守时，百姓做错了事，他只是让差役用蒲鞭示辱。他的妻子试探丈夫是否像人们说的那样仁厚，便叫婢女故意用肉汤弄脏他的官服。刘宽不但没有发脾气，反而宽慰婢女说：“肉羹烫了你的手吗？”有人错认了他驾车的牛，刘宽也不说什么，叫车夫把牛解下给那人，自己步行回家。后来，那人找到了自己的牛，向刘宽赔不是，刘宽反而安慰那人。

捋须何点　捉鼻谢安

南朝人何点，容貌方正儒雅，学问广博精深，宋、齐两朝多次召他出来做官，他都予以拒绝了。他跟梁武帝是好朋友，梁武帝即位，要封他做侍中，他捋住梁武帝的胡须说：“乃欲臣老子耶？”推说有病告辞回乡。

晋朝人谢安年轻的时候就很有名气，却迟迟不肯去做官。兄弟们都当了官，只有他宁静淡泊，仍然是个布衣。他的夫人跟他开玩笑说：“大丈夫不当如此耶？”他捏住鼻子做了个牵牛的手势说：“正恐不免耳！”直到四十多岁，才应征出来做官。孝武帝时官至宰相。

张华龙鲊　闵贡猪肝

晋朝人张华，在博物学方面颇有造诣。有一次，陆机送给他一些鲊(腌鱼)，张华说：“此龙肉也！”就用苦酒浇在鲊上，鲊中发出五色光。

汉朝人闵贡，人们公认他是个有节操的士大夫。他曾经旅居安邑，家里很穷，一天只买一片猪肝。

渊材五恨　郭奕三叹

宋朝人彭渊材说平生有五件恨事：一恨鲥鱼多骨，二恨金橘带酸，三恨莼菜性冷，四恨海棠无香，五恨曾子固不能诗(其实曾子固能诗)。

晋朝人郭奕任野王县令，羊祜从荆州调回洛阳，他为这事再三叹息。因羊祜在任内深得人心。

弘景作相　延祖弃官

南北朝人陶弘景，齐高帝时任诸王侍读。永明年间，他脱下朝服弃官而去，在茅山华阳洞隐居。梁武帝曾是他的好朋友，两人关系密切，要征召他出来做官，他不答应。朝中有什么大事，梁武帝都派人向他咨询，当时人称他为“山中宰相”。

唐朝人元延祖发誓决不出仕做官。四十出头，上级派他担任春陵县县丞，他弃官而去，说：“人生衣食可适饥寒，不宜复有所须。”

二疏供帐　四皓衣冠

汉朝人疏广为太子太傅，侄儿疏受为太子少傅。叔侄俩在位五年，一天，疏广对疏受说：“知足不辱，知止不殆；功成身退，天之道也，不去恐有后悔。”于是他们便向皇帝请求退休，得到了批准。他们离任的那天，士大夫都在都城的东门外设宴欢送他们。

汉高祖想废掉太子。吕后向张良问计，张良说：“这件事难以凭口舌相争，臣想起皇上不能召来的有四个人，如果太子能把这四个人请来，皇上见了，这对太子地位的稳固是一大帮助。”于是太子下书将四人请来，并设宴欢迎，太子在旁边侍奉，高祖见那四人都已八十多岁，须眉皆白，穿戴气派，高祖觉得奇怪，就问那四人为什么愿意跟太子交往，四人说：“陛下轻士，臣等义不辱；太子仁孝，愿为之死。”高祖听了，便打消了废太子的念头。

曼卿豪饮　廉颇雄餐

宋朝人石曼卿，喜欢豪饮，与刘潜友善。有一次，二人在一起痛饮，半夜的时候，酒喝光了，旁边有一斗多醋，也被拿来喝了。

战国时期，廉颇为赵国的将军。秦国攻打赵国时，赵王想让廉颇领兵抗秦，就派使者去察看廉颇的情况，廉颇的仇人郭开贿赂使者，让他诋毁廉颇。使者见了廉颇，只见他每餐能吃一斗米，十斤肉，吃完披甲上马，以示可用。使者因为受了贿赂，便向赵王报告说：“廉将军虽老，还能吃饭，但一餐饭上了三次厕所。”赵王听了，不敢任用廉颇为将。

长康三绝　元方二难

东晋时期的顾恺之，字长康，是著名的画家。人称他有三绝：才绝、画绝、痴绝。

东汉名士陈寔有两个儿子，长子元方，次子季方，父子三人号为“三君”。当世人评论元方兄弟说：“元方难为兄，季方难为弟。”这就是“难兄难弟”成语的出处。

曾辞温饱　城忍饥寒

宋朝人王曾，考中了状元，刘子仪跟他开玩笑说："状元试三场，一生吃着不尽。"王曾说："我平生的志向不在温饱。"

唐朝人阳城，潜心向学。有一年，他的家乡闹饥荒，阳城闭门不出，用榆树皮熬粥，仍然坚持讲学论道。后来，朝廷任命他为谏议大夫。

买臣怀绶　逢萌挂冠

汉朝人朱买臣原来家道清贫，后来担任会稽太守。他上任时，仍然穿着从前的旧衣服，怀里揣着印绶，步行到太守官衙。府里的官吏们正在饮酒，没人注意他，守门的人看见了他揣的印绶，才知道他是太守，告诉人们赶紧来拜谒他。

汉朝人逢萌曾任亭长，他嫌官小，想到京城做官。当时正是王莽当权，王莽杀了自己的亲生儿子。逢萌对朋友说："三纲绝矣，不去，祸将及。"他就把官帽挂在东都城门外，带着家属渡海到辽东隐居。

循良伏湛　儒雅倪宽

汉朝人伏湛是一代良吏。西汉末年，兵荒马乱，当时伏湛正任平原太守，他把自己的官俸拿出来，赈济百姓，全郡的人都依靠他的赈济得以保全性命。

汉朝人倪宽雍容儒雅，家贫好学，特别喜欢读《尚书》，他经常一边劳动，一边读书。后来朝廷任命他为同州太守，他为官深得民心。

欧母画荻　柳母和丸

欧阳修四岁时，父亲去世了，他的母亲亲自教育他。欧阳修家家境清贫，母亲就用芦荻在地上写字教儿子读书。

唐朝柳公绰的妻子韩氏，家法甚严。她曾经用苦参、黄连、熊胆制成药丸，让儿子含在嘴里，以便他夜里读书时，提神醒脑。

韩屏题叶　燕姞梦兰

唐僖宗时，宫女韩翠屏曾将诗题在红叶上说："流水何太急，深宫尽日闲；殷勤谢红叶，好去到人间。"把叶子放在御沟中流出，恰好被学士于祐捡到。于祐也在一片叶子上题诗道："曾闻叶上题红怨，叶上题诗寄阿谁？"也把叶子放进御沟，风送叶片逆流而上，恰好也被韩翠屏捡到。后来皇宫放出一批宫女，于祐娶了一个，这个新娘就是韩翠屏。

春秋时期，郑文公有个侍妾叫燕姞。曾梦见神仙将一束兰花给自己，后来她怀孕生了个儿子，起名为兰。他就是后来的郑穆公。

漂母进食　浣妇分餐

汉朝韩信，年轻时家里很穷，只得到城下钓鱼。漂母见他常常挨饿，就把饭给他吃，韩信很感动地说："我一定要重重地报答你。"漂母很生气，说："大丈夫不能养活自己，我是同情你而把饭给你吃，难道是

想你报答我吗？”

伍子胥在从楚国逃到吴国的路上，见到一位妇女在河边洗衣服。伍子胥向她要吃的，妇女把饭给他吃，伍子胥要她不要告诉别人。伍子胥离开后，回头看那妇女，已经自己跳到水里了。后来伍子胥在吴国得志后，想要报答那个妇女，但又不知道她家在哪里，只得把金子扔到妇女投水的那条河中。

十五 删

令威华表　杜宇西山

丁令威是汉朝辽东人，他在灵墟山学道，后化为鹤回到辽东，停栖在城门的华表上。有个年轻人举弓要射他，他在空中盘旋着说：“有鸟有鸟丁令威，去家千年今始归。城郭如故人民非，何不学仙冢累累！”

杜宇是蜀王。有一年发大水，杜宇与百姓一起在长平山避水。楚人鳖灵逆流而上，到汶山下。杜宇立他为相，开峡治水，人们得以安居。杜宇把王位让给他，自居西山，得道升天，曾化为鸟，就是如今的子规。

范增举玦　羊祜探环

汉高祖刘邦先入函谷关，项羽大怒，在鸿门宴请刘邦。席间项羽的谋臣范增几次举玉玦示意项羽下决心除掉刘邦，项羽不听，让刘邦逃回汉营。

传说晋朝羊祜五岁时叫他乳母到邻居李氏桑园的桑树下探取金环。李氏说：“这是我死去的儿子丢失的。”所以人们认为李氏的儿子是羊祜的前身。

沈昭狂瘦　冯道痴顽

晋朝人沈昭略，傍晚喝醉了酒，在路上遇到了王约。沈昭略睁开醉眼看着王约说："你为什么又胖又痴呆？"王约反问道："你为什么又瘦又轻狂？"

五代时，契丹灭了后晋，后晋的宰相冯道去朝见耶律德光，耶律德光知道冯道是个无耻之徒，便责备他对后晋不忠，冯道无话可说。耶律德光又不客气地问他为什么来朝见，冯道说："无城无兵，怎么敢不来？"耶律德光讥讽他说："尔是何等老子？"冯厚着脸皮说："无才无德痴顽老子。"耶律德光见他无耻得这么彻底，便命他为太傅。

陈蕃下榻　郅恽拒关

东汉人陈蕃在豫章郡当太守时，仰慕"南州高士"徐孺子的为人，在自己府里专门为徐孺子设了张床。徐孺子一走，他就把床挂在壁上。唐朝诗人王勃在《滕王阁序》中写道："人杰地灵，徐孺下陈蕃之榻。"

东汉人郅恽任上东门侯，管上东门的治安。一次光武帝外出打猎，深夜回城，叫郅恽打开城门，郅恽坚决拒绝（按规定夜间不管谁都不能开城门），光武帝只好从中东门入。第二天，光武帝赐给郅恽布帛百匹，而贬中东门侯为尉。

雪夜擒蔡　灯夕平蛮

唐朝淮西节度使吴元济叛乱，李愬奉命讨伐。当时李愬名位素微，淮西人轻视他。在一个雪夜，他用骑兵攻克蔡州，活捉了吴元济。

北宋大将狄青任广西宣抚使，元宵灯节，他让副将们聚欢，自己亲自率兵守关。当时蛮人想乘宋军过节，守备松懈而乘机偷袭，狄青利用这个机会大破敌人。

郭家金穴　邓氏铜山

东汉人郭况是光武帝的内弟，光武帝赏给他许多金银财宝，家财多得谁也比不上，因此郭家被称为“金穴”。

邓通是汉文帝的宠臣。当时一个看相的人对邓通说：“你命中注定要贫穷而饿死。”汉文帝对邓通说：“我能让你富有，怎么会贫穷呢？”于是把蜀郡的铜山赐给邓通，让他自己铸钱。文帝死后，景帝即位，景帝怨恨邓通，没收了邓通的全部家产。邓通最终因贫困饥饿而死。

比干受策　杨宝掌环

西汉人何比干，汉武帝时任廷尉，他办案提倡仁恕之道，平反了很多冤案，救了几千人的命。一天，有个老婆婆来到他家门口，对他说：“你先祖有功德，你办案又很公正仁慈，现在我给你一册竹策，使你子孙发达。”

汉朝人杨宝生性慈爱，九岁时他到华阴山北，看见一只小雀被鸱鸮啄伤坠地，身上爬满了蚂蚁。杨宝将小雀带回家中，用黄花喂养它，过了一百多天，小雀的伤好了，能够飞翔自如了。有一天傍晚，小雀变成了一个黄衣童子，将四枚白玉环交给杨宝说：“好好地保管这些白玉环，您的子孙将会肤色洁白，世世代代享受高官厚禄。”

晏婴能俭　苏轼为悭

春秋时期，晏婴任齐国的相国，他虽身居高位，但厉行节俭。每餐桌上没摆过两碗肉，妻妾也没穿过丝绸之类的衣服。祭祀祖先时，祭器中摆放的肉也很少，一件狐裘袄子穿了三十年，人们认为他太不讲究，他自己却恬然自若。

苏轼曾经给李公择写信说：“我已快五十岁了，现在才知道，写好文章的关键是措词简洁，那些著名的美文，都以简洁著称。”

堂开洛水　社结香山

宋朝人文彦博，因为仰慕白居易的九老会，建了一个耆英堂，将洛中地区的年高德劭的公卿士大夫集中到耆英堂聚会。

唐朝诗人白居易晚年放意诗酒，他与当时的许多学者名流共结香山社，每天饮酒赋诗。人们非常羡慕他们的这种生活，有人为他们画了一幅《香山九老图》。

腊花齐放　春桂同攀

传说天授二年十二月，武则天想到上苑赏花，她派人向上苑宣读诏书：“明朝游上苑，火速报春知。花须连夜发，莫待晓风吹。”果然，第二天清晨，上苑名花盛开，群臣都很惊讶。

明朝仪真人蒋南金、王大用二人在正月初一那天一起到庙里游览，忽然闻到桂花的香味，两人便各自折了一枝。后来他们两人都中了正德戊辰科的进士。

卷　三

一　先

飞凫叶令　驾鹤缑仙

东汉人王乔，有仙术，曾任叶县县令，他每次到京师朝拜时，不要车马。皇帝觉得很奇怪，就叫人暗中观察，只见有两只凫紧随王乔的左右，将那两只凫捉住一看，却是两只鞋子。

周灵王的太子晋曾随道士浮邱公在嵩山学道三十多年。一天，他对桓良说："可告我家，七月七日候我于缑氏山巅。"到了那个时候，他真的乘白鹤停在山头上，可望不可即。几天后才离去。

刘晨采药　茂叔观莲

汉朝人刘晨与阮肇一起进天台山采药。他们迷了路，粮食也吃光了，遇上两位女子，两位女子将他们迎入家中，每天派侍女拿桃子给他们吃，住了半年才让他们回家。他们回家才知道，已经过了十世，原来他们是在仙境过了这么长的时间。

宋朝人周敦颐，字茂叔，喜爱莲花，称莲花为花中的君子。每当莲花盛开时，他总要前往观赏，并写下了著名的散文《爱莲说》。

阳公麾日　武乙射天

《淮南子》上记载说：鲁阳公与韩构作战，两人打得难解难分，太阳落山时也没有分出胜负。鲁阳公拿戈朝太阳一挥，太阳又退回了三舍。

商朝国王武乙残暴无道，曾作木偶人，称它为天神。跟它搏击，用人代替这些天神，如果不胜，马上杀死。还制作皮袋子，高高地挂起来，武乙仰射它，名叫射天。武乙后来在河、渭之间狩猎，被雷电击死。

唐宗三鉴　刘宠一钱

唐太宗把魏征当做一面镜子。魏征死后，他非常悲恸，对侍臣说："夫以铜为鉴，可正衣冠；以古为鉴，可知兴衰；以人为鉴，可明得失。朕尝得此三鉴，今魏征逝，亡一鉴矣。"

汉朝人刘宠曾任会稽太守，当他奉调往京城做官时，当地有几位老人各送一百个铜钱，作为饯行的礼物。老人们哭泣着说："自从您治理会稽以来，狗不夜吠，民不见吏。今天听说您要离去，我们前来送别。"刘宠很受感动，各选了一枚铜钱，表示心领，人们称他为"一钱太守"。

叔武守国　李牧备边

春秋时期，晋公子重耳在外流亡时，卫国的卫成公对重耳不礼貌。重耳返国即位后，派兵攻打卫国。卫国人为了讨好晋国，将卫成公赶跑，并且让成公的弟弟叔武守国，卫成公回来后，派人射杀了叔武。

战国时赵国的大将李牧，戍守赵国的边境。每天，他让人杀牛犒劳将士，且派间谍侦察敌人的情况，不随便点燃烽火。由于他指挥有方，十多年间，敌人一直不敢侵犯赵国。

少翁致鬼　栾大求仙

汉武帝的宠妃李夫人死后，汉武帝思念不已。方士少翁说他能够招来李夫人的魂魄，就在晚上点起灯烛，设立帷帐，摆好酒肉，让武帝坐在帷帐里。果然，武帝看见李夫人像生前一样，围着他的帷帐漫步，但又看不太真切。武帝越加悲戚，写了诗，叫乐工奏乐唱歌。

汉武帝时，方士栾大对汉武帝说他能入海求仙，武帝信以为真，就派人给他治装入海求仙。后来栾大遭人诬罔被腰斩。

彧臣曹操　猛相苻坚

东汉人荀彧，富有谋略，他听说曹操雄才大略，就与侄儿荀攸一起投奔他。曹操见了荀彧，高兴地说："你真是我的张良啊。"从此对荀彧非常信任，凡是军中的事情都问他。后来，曹操要享受皇帝的仪仗，荀彧不同意，曹操因此恨他。荀彧生病，曹操派人给他送去食物，揭开食盒一看，里面却是空的，荀彧被迫服毒而死。

王猛是北海人，年轻时，家里非常贫穷。他以卖畚为生，在嵩山得异人指点。后来王猛成了前秦的丞相，前秦国王苻坚说他得到王猛就像刘备得到孔明，在王猛的辅佐下，前秦的国力日益强大。

汉家三杰　晋室七贤

汉高祖取得天下后，在洛阳南宫设酒庆功，高祖说："运筹帷幄，决胜千里，吾不如子房；镇抚百姓，馈饷不绝，吾不如萧何；连师百万，战胜攻取，吾不如韩信。三者皆人杰，吾能用之，所以取天下。项羽有一范增而不能用，所以为我擒也。"群臣听了这话，都很高兴。

西晋时期，嵇康、阮籍、阮咸、山涛、向秀、王戎、刘伶七人都是当时的名士，常在竹林聚会，世称“竹林七贤”。

居易识字　童乌预玄

唐代诗人白居易，生下七个月就能认字，人们指着“之”、“无”二字，他能准确地认出来，百试不爽。

汉朝人扬雄的次子扬信，字子乌，小字童乌，九岁时就能理解他父亲写的《太玄》篇中的含义。

黄琬对日　秦宓论天

黄琬是黄琼的孙子。汉桓帝建和元年正月出现了日食，太后问黄琼日食的情况，黄琼答不出来，当时只有七岁的黄琬说：“为什么不说日食之余，如月之初？”黄琼按他的说了，太后认为回答得很好。

秦宓是三国时期蜀国人。有一次，吴国的使者张温访蜀，席间叙谈中，张温问道：“天有头乎？”秦宓说：“有。诗云：乃眷西顾。”张温又问：“天有姓乎？”回答说：“有。”问何姓，回答说：“姓刘。”问：“何以知之？”回答说：“当今天子姓刘。”张温听了非常惊异。

元龙湖海　司马山川

陈登，字元龙，东汉末年人。有一次，许汜跟刘备谈论人物，许汜说：“元龙湖海之士，豪气未除。”刘备问他为什么这样说，许汜告诉他：“从前我到元龙家做客，元龙不礼待我，他自己睡大床，让我睡在床下。”刘备说：“君有国士名，而不留心救世，乃求田问舍，言无可采，是元龙所讳也。如我，当自卧百尺楼上，卧君于地下。何但上下床间哉！”

汉朝史学家司马迁，年轻时游遍祖国的名山大川，又读书万卷，终于写出了《史记》这部书。

操诛吕布　膑杀庞涓

东汉末年，吕布割据下邳。曹操带兵攻打吕布，用荀攸、郭嘉的计谋，决开泗、沂之水灌城。打了一个多月，终于打败吕布，将吕布活捉并斩首。

战国时期，孙膑任齐国的军师，庞涓为魏国的大将。魏国攻打赵国，赵国向齐国求救。齐国派田忌为主将，孙膑为军师，孙膑用减灶计诱敌深入，大败魏军，庞涓被迫自杀。

羽救巨鹿　准策澶渊

秦朝末年，秦兵围攻巨鹿的义军。项羽带兵渡河救援，破釜沉舟，以少胜多，取得了巨鹿之战的胜利，从而确立了他在诸侯中的首领地位。

宋真宗时，辽国军队攻打宋朝。辽的前锋一直进军到与开封隔河相对的澶州城下。在此危急时刻，宰相寇准力促宋真宗御驾亲征。宋军深受鼓舞，大败辽军。辽国主动请和，辽宋订立了澶渊之盟。

应融丸药　阎敞还钱

东汉时，应融任汲县令。当时祝恬被征召去京师，途中生了病，他的朋友邺县令谢著不接待他。祝恬到了汲县，应融亲自为他制造丸药，经过他几十天的精心治疗，祝恬终于病愈进京。

汉朝人阎敞为人诚实不欺。他曾在郡里做小官，太守第五尝曾将官俸一百三十万钱寄放在他家，后来太守全家病死，只留下一个九岁的孙儿。太守孙儿长大后，到阎家讨回他祖父寄放的钱，阎敞将一百三十万钱如数交还。太守孙儿说："我祖父说只有三十万，没有一百三十万。"阎敞说："想必是你祖父病中说胡话，请你不要怀疑。"

范居让水　吴饮贪泉

南北朝时，范柏年初次谒见宋明帝，言谈中提到广州的贪泉，宋明帝问范柏年的家乡有没有这种泉水，范柏年说："我们梁州只有文川武乡、廉泉让水。"宋明帝又问他家住哪里，回答说："住在廉、让之间。"宋明帝认为他回答得很好，就让他担任了梁州刺史。

晋朝人吴隐之任广州刺史。广州境内有一处泉水名叫贪泉，据说饮了贪泉水的人都会变得贪得无厌。吴隐之饮了贪泉水后，更加廉洁自律。他离任时，夫人刘氏带有一片沉香，吴隐之见了，将它扔到水里。

薛逢羸马　刘胜寒蝉

唐朝人薛逢，曾任巴州刺史，颇有政绩，百姓拥护。晚年仕途不顺，曾骑着一匹瘦马入朝，正值新进士出游，前面开道的人挥赶着人群说："回避新郎君！"薛逢说："莫嚷嚷！想我年轻时，也曾文采风流。"

汉朝人杜密曾任北海相，罢官后，每次见到本地的太守县令，爱发表意见。同郡人刘胜，从蜀地做官回乡，闭门不出，对地方上的事不闻不问。太守王昱对杜密说："刘胜真是一位高人。"杜密知道太守是讽刺自己，回答说："刘胜位列大夫，知善不荐，闻恶无言，隐情惜己，自同寒蝉，此罪人也。"王昱听了非常惭愧，连忙向杜密道歉。

捉刀曹操　拂矢贾坚

东汉崔琰，长得高大威武。有一次，曹操接见匈奴使者，他觉得自己长得形陋不足威严，就叫崔琰坐在自己的位置上代替他，而自己提刀站在旁边。接见完毕，曹操叫人去问匈奴使者："魏王如何？"回答说："魏王雅望非常，然床头捉刀人乃真英雄也。"曹操派人追杀匈奴使者。

南北朝时，贾坚在燕国做官，燕王知道他善于射箭，想亲眼看看，于是牵一头牛放在百步之外的地方，叫他射牛。他射的时候，一箭射在牛的背脊上，拂脊而过；第二箭射在牛的腹下，擦腹而过，都靠近皮肤射落牛毛，上下都一样。燕王说："能射中吗？"贾坚说："所贵者不中耳，中之何难！"当时贾坚已六十多岁了。

晦肯负国　质愿亲贤

唐朝时徐晦与杨凭友善，杨凭被李夷简弹劾，贬为临贺县尉，亲友无人敢去送行，只有徐晦送他到蓝田后才告别。有人对徐晦说："你不要被他牵累。"徐晦说："晦本布衣，蒙杨公知奖，今日远谪，安得不与之别！"不久，李夷简推荐徐晦为御史，徐晦说："平生未奉颜色，公何从而取之？"李夷简说："君不负杨临贺，肯负国乎？"

范仲淹被贬往饶州，全朝廷的人都不敢去送行，只有王质带病为他饯行，大臣们责怪他说："君为何自陷朋党？"王质说："范公天下贤者，质何敢望之？若得为范公党人，公之赐质厚矣。"

罗友逢鬼　潘谷称仙

晋朝时，有人被任命为郡守，桓温召集朝廷官员给他送行。罗友迟到了，桓温问他何故，罗友说："中途逢鬼揶揄云：只见汝送人作郡，不见人送汝作郡。"桓温听后表示叫他做襄阳太守。

宋朝人潘谷，精通墨法，能写一手好字。有一次，他饮酒三天，酩酊大醉，发疯了，跳入一口枯井，死了。有人下去看，他盘腿端坐，体背柔软，手上还拿着念珠，人们认为他成仙了。

茂弘练服　子敬青毡

晋朝人王导，字茂弘。晋室南渡时，国库空虚，只剩下几千匹粗布，又卖不出去，无法应付国内之急。王导很担心，就跟朝臣一起把这些布制成练布（白绢）单衣，于是大家都来效仿，练的价格提高了，就派人把练卖掉以应国库之急。

晋代王献之，字子敬。有一天晚上，他躺在斋中睡觉，小偷跑进来，把许多东西都偷走了。这时王献之已经醒了，他慢慢地对小偷说："偷儿，青毡我家旧物，可特置之。"

王奇雁字　韩浦鸾笺

王奇是宋朝时赣县人，年轻时为县吏，县令在屏风上题了一首雁字诗说："只只衔芦背晓霜，昼随鸳鹭入寒塘。"王奇看后接着县令的诗写道："晚来渔棹惊飞去，书破遥天字一行。"县令看完续诗感到很惊奇，鼓励他学习，后来王奇官至侍御史。

五代人韩浦、韩洎两兄弟学问渊博，很会写文章，然而洎瞧不起浦说："吾兄为文，绳枢草舍，庇风雨而已。吾之文，是造五凤楼手。"韩浦听了便用别人送的蜀笺题诗寄给韩洎说："十样鸾笺出益州，新来寄至浣溪头。老兄得此全无用，助汝添修五凤楼。"

安之画地　德裕筹边

唐朝人严安之为治严肃。唐玄宗在五凤楼宴请，聚集了很多观看的人，秩序大乱。高力士请严安之来维持秩序，严安之用手画地说："犯此者死。"于是人们没有敢越界的。

唐朝人李德裕罢相后任西川节度使，在成都府西边造了一座筹边楼。按山川险要，南边与蛮人相接的地方画在左边，西边与吐蕃相接的地方画在右边。

平原十日　苏章二天

秦昭王听说魏齐在平原君那里，想杀魏齐替范雎报仇。于是，秦昭王写信给平原君说："寡人闻君高义，愿与为布衣之友，君幸过寡人，寡人与君为十日之饮。"平原君怕秦，就去见秦昭王。秦昭王跟他饮酒几天后，就向他要魏齐。

汉朝人苏章任冀州刺史，他有个朋友任清河太守。朋友做了违法的事，被苏章查出。朋友设宴款待他，向他讲老朋友的情面说："人都只有一天，我独有两天。"苏章说："今日章与故人饮者，私恩也；明日冀州刺史案事者，公法也。"他判了朋友该受的罪，清河境内非常安定。

徐勉风月　弃疾云烟

南北朝人徐勉，任吏部尚书、仆射中书令等职。有一天晚上与门人闲坐月下，他的朋友虞暠过来向他求官，徐勉严肃地对他说："今夕只可谈风月，不宜及公事。"他常说："人遗子孙以财，我遗子孙以清白。"

宋朝爱国词人辛弃疾晚年作《西江月》说："万事云烟已过，一身蒲柳先衰。而今何事最相宜？宜醉宜游宜睡。早起催科了办，更量出入收支。乃翁依旧管些儿，管竹管山管水。"

舜钦斗酒　法主蒲鞯

宋朝人苏舜钦，性情豪放，喜欢饮酒，在外舅杜祁公家读书。有一天，杜祁公偷偷去看他，只见他读到《汉书》中"良与客狙击始皇"时拍案说："惜乎击之不中！"便饮了满满一大盅；看到"臣始起下邳，与上会于留，此天以臣授陛下”时，又拍案说：“君臣相遇，其难如此！”又饮了一大盅。杜祁公说：“有如此下酒物，一斗不足多。”

唐朝人李密，字法主，才兼文武，志气雄远。年少时常骑一头黄牛，在牛角上挂一本《汉书》，边走边读。越国公杨素碰到他，对儿子说：“你等不如他。”以后，越国公的儿子杨玄感起兵伐隋，请李密为谋主。

绕朝赠策　苻卤投鞭

春秋时人绕朝是秦国大夫。晋国人士会投奔秦国得到重用，晋国派人到秦国劝士会回来。士会准备动身回晋，绕朝向他献策说：“子无谓秦无人，吾谋适不用也。”

前秦王苻坚（苻卤）准备大举南下，苻融等人大力劝阻，他不听，说：“吾百万之众，投鞭于江，足断其流，何险之足恃？”进军到淝水时，被谢玄率领的晋军打败。

豫让吞炭　苏武餐毡

春秋时赵襄子杀了智伯，并用他的头盖骨涂上漆后作酒器。智伯的家臣豫让欲行刺赵襄子，结果未遂被擒，赵襄子看他重情义放了他。豫让就漆身为癞，吞炭为哑，沿街行乞。有一天，他埋伏在桥下，又想刺杀赵襄子，赵襄子捉住了他，责备他说：“你曾经事奉范中行，智伯灭了他，你为什么不报仇？”豫让说：“范中行把我看成普通人，我就以普通人的情义来报答他；智伯把我看成国士，所以我以国士的情来报答他。”于是他请求赵襄子脱一件衣服给他，拔出剑来三跃击之，然后自刎而死。

汉代时，苏武出使匈奴，被扣留。卫律劝他投降，他坚决拒绝。匈奴把他流放到阴山大窟中，他吞雪餐毡，持着汉朝的节杖，在草原上牧羊。匈奴告诉他等公羊怀孕了才可以回去。苏武被羁留在漠北十九年后才回国。

金台招士　玉署贮贤

战国时期，燕昭王想招聘贤者帮他治理国家，郭隗说："从前有人欲求千里马，带着千金前往，马已死，那人用五百金买下马骨，不到一年，就有三匹千里马被人主动送来。大王招贤，请先从我开始，如果我都能得到大王的任用，比我贤德的人，一定会不远千里前来为您效劳。"燕王就筑了一座黄金台，拜郭隗为师。后来，乐毅、邹衍、剧辛等人闻风而至。

宋朝人苏易简，才思敏捷，宋太宗曾写下"玉堂之署"四个字赐给他。一天，宋太宗赐酒招待他，太宗说："君臣千载会。"苏易简对答道："忠孝一生心。"太宗非常高兴，就把桌上的金器全部赐给了他。

宋臣宗泽　汉使张骞

宋朝宗泽，文武双全，金兵南侵时，任东京留守，多次打败金兵。后来被汪伯彦、黄潜善等奸臣所害，忧愤成疾，临终时还三呼"渡河"。

汉武帝时，张骞出使西域，沟通了西域与内地的联系，因功封博望侯。

胡姬人种　名妓书仙

阮咸是晋朝人，爱恋姑家鲜卑婢。后来，因居母丧，姑家远移，起初答应留下鲜卑婢，然而在临行时还是把她带走了。阮咸只好借客人的驴子，穿着孝服亲自追赶。将那婢女用驴子驮回，说："人种不可失。"

武则天长安年间，有位名叫曹文姬的名妓，书法十分出众，为关中第一，被称为“书仙”。

二　萧

滕王蛱蝶　摩诘芭蕉

唐朝时滕王李元婴善于画蛱蝶，诗人王建曾写诗赞道：“内中数日无呼唤，拓得滕王蛱蝶图。”滕王画的蛱蝶，有江夏斑、大海眼、小海眼、村里来、菜花子几个品种。

唐代人王维，字摩诘，善画，但不问四时节候。他曾画有一幅《袁安卧雪图》，有雪里芭蕉，虽不合时令，但笔法高超，自成妙品。

却衣师道　投笔班超

宋朝人陈师道，与赵挺之同为郭大夫的女婿。陈师道在史馆任职，冬日随皇帝到郊外祭祀，天寒地冻，要穿两件裘袄才能御寒。陈师道只有一件，他的妻子从赵挺之家借了一件给他，陈师道知道后，责怪妻子说：“你难道不知道我不穿他家的衣服吗？”却之不穿，忍冻而死。

东汉人班超，曾经为官府抄书谋生，十分辛苦，于是他投笔感叹说：“大丈夫当立功异域，以取封侯，安能久事笔砚间乎！”后来，班超投笔从戎，以平西域之功封为定远侯。

冯官五代　季相三朝

五代人冯道，圆滑世故，历事四姓二十八君，且都居相位，是当时政坛的不倒翁。

季文子是鲁国的大夫，在鲁宣公、鲁成公、鲁襄公三朝都任相国，廉洁自奉，史书称他“家无衣帛之妾，食粟之马，无藏金玉”，是当时的忠廉之臣。

刘蕡下第　卢肇夺标

唐文宗时，刘蕡上朝应对，极力抨击宦官乱政，考官冯宿等人叹服刘的才华，但害怕得罪宦官，不敢录用他。同场应试的李郃说：“刘蕡下第，我辈登科，能不厚颜！”

唐朝时，卢肇与黄颇同时考中举人，郡守只宴请黄颇，没请卢肇。第二年，卢肇状元及第，荣归故里，太守请他观看龙舟竞赛，卢肇写诗道：“向道是龙人不信，果然夺得锦标归。”

陵甘降虏　蠋耻臣昭

李陵是李广的孙子，汉武帝时任骑都尉，他率五千步兵抗击匈奴，遭遇匈奴主力，兵败被俘。汉武帝知道后，大怒，将他满门抄斩。

王蠋是齐国的贤人。燕昭王派乐毅打败齐国，乐毅听说王蠋是位贤者，备厚礼请王蠋出来做官，可王蠋不答应，燕人说：“不来，将屠邑。”王蠋说：“忠臣不事二主，烈女不嫁二夫。今国破君亡，我还活着干什么！”于是自刎而死。

隆贫晒腹　潜懒折腰

东晋人郝隆，他家贫志不短。七月七日，富人们都把好衣服拿出来晒，只有郝隆躺在太阳底下晒肚皮，别人问他为什么这样做，他说：“我把我肚里的书晒一晒。”

东晋诗人陶潜，任彭泽县令。上任八十多天，郡里的督邮将来县巡察，陶潜不愿接待督邮，就说：“我岂能为五斗米折腰向乡里小儿！”当天就解下官印，挂冠而去。

韦绶蜀锦 元载鲛绡

唐朝人韦绶任翰林学士时，唐德宗带着韦妃巡幸翰林院，遇上韦绶正在睡觉。学士郑絪想要叫醒他，德宗不许。当时天气非常寒冷，德宗用蜀锦袍盖在他身上才离去。

唐朝人元载，在家中设有紫绡帐。这种帐子取自南海，是用鲛绡做成的，轻薄柔软，冬暖夏凉。

捧檄毛义 绝裾温峤

汉朝人毛义，家境清贫，孝敬父母。南阳人张奉慕名前往拜访他，刚坐下，官府的公文就送来，任命毛义为安阳令。毛义捧着委任状进了屋，喜形于色，张奉见此，心中鄙薄他。毛义的母亲死后，他辞官回家尽孝。孝期满后，朝廷多次派公车来接他去做官，他都不去，张奉感叹说："贤者固不可测，往日之喜，乃为亲屈也。"

东晋人温峤，初为刘琨右司马，后被调往京城任职，他的母亲崔氏坚决劝阻他，温峤却拉断衣襟走了。后来母亲去世了，他也没有回家奔丧，时人认为温峤功名利禄之心太重，甚至不顾母子之情。

郑虔贮柿 怀素种蕉

唐朝人郑虔，家境贫寒。没有发达时他喜欢写字，苦于无纸，他就将柿树的落叶收集起来，装满了几间屋子，每天在柿叶上练习隶书。

唐朝僧人怀素，善于写草书。他居住在零陵东郊时，家贫无纸，他就在住所周围种了许多芭蕉，用芭蕉叶代替纸张，在上面练习书法。

延祖鹤立　茂弘龙超

晋嵇康之子稽绍，字延祖，有人曾对王戎说："昨于众中见绍，昂昂若野鹤立在鸡群。"

晋朝人王导，字茂弘，小字阿龙，长得英俊，廷尉桓彝赞叹地说："人言阿龙超，阿龙故自超。"不觉一直目送他走进了朝廷之门。

悬鱼羊续　留犊时苗

汉朝人羊续，清廉耿介，曾任庐江太守。下属送活鱼给他，羊续收下鱼，将它挂起来。以后又有人送鱼给他，羊续拿出从前送的鱼给他看，表示谢绝。

东汉人时苗，建安年间任寿春令，驾车的牛产下一头小牛崽，他离任时，对主簿说："我来时没有这头小牛，小牛是在淮南产的。"官吏们说："六畜不识父，自宜随母。"时苗不听他们的劝说，将牛崽留下就离去了。

贵妃捧砚　弄玉吹箫

唐玄宗坐在沉香亭中，看见牡丹盛开，心中有所感触，就叫李白作诗。当时李白喝醉了酒，随从用水给他洗脸，醉意稍解。玄宗叫杨贵妃为他捧砚，李白马上写成《清平调》三章。

箫史善于用箫吹出凤的叫声，秦穆公将女儿弄玉嫁给了他，箫史就教弄玉吹箫。后来，弄玉乘着凤，箫史骑着龙，一起飞上天去了。

三 肴

栾巴救火 许逊除蛟

东汉人栾巴，成都人，有道术，能役使鬼神，汉桓帝时任桂阳太守。一年除夕，桓帝大会群臣，桓帝赐酒，栾巴举酒不饮，含酒向西方喷去，有人说栾巴不敬，栾巴说："臣家乡有火患，故喷酒救之。"过了几天，成都传来消息，说那天果然发生了火灾，幸亏有雨从东北来将火浇灭了，雨中有一股酒气。

唐朝许逊有道术，任旌阳令，境内蛟龙为害，许逊诛蛟，为民除害。

诗穷五际 易布三爻

《诗经》有五际：卯、酉、午、戌、亥，这些阴阳终始际会的年头，一定会有较大的变故。

《易经》中组成卦的符号叫做爻，"-"是阳爻，"--"是阴爻，包含交错和变化的意思。八卦，每卦由三爻组成。以两卦两重，变成六十四卦，每卦有六爻。

清时安石 奇计居鄛

东晋人谢安，字安石。曾与王羲之等人流连山水，诗文相会，即使做了官，也不改初衷。王俭曾说："江左风流宰相，唯有谢安石。"

秦末范增，居鄛县人，富于谋略，项梁、项羽起兵后，范增屡出奇计，项羽尊他为亚父。后来，刘邦让陈平行反间计，让项羽怀疑范增，范增忧愤成疾，背上生疽而死。

湖循莺脰　泉访虎跑

苏州境内有一湖泊，形似莺脰，故名莺脰湖。

杭州定慧寺中有虎跑泉。唐宪宗元和十四年，性空大师在庙中坐禅，因为无水，准备离开此地，忽然有神人来告诉他："大师驻锡于此，我等蒙惠，奈何弃去！南岳有童子泉，当遣二虎来移。"第二天，只见两只老虎来此用脚刨地，山出泉水，甘洌异常，人称"虎跑泉"。

近游束皙　诡术尸佼

晋朝人束皙，性格沉静，不慕荣利，文采出众，曾写了《近游赋》一文。

尸佼是战国时期的鲁国人，擅长诡术，据说商鞅曾拜他为师。

翱狂晞发　嵇懒转胞

宋朝人谢翱，文采风流，有气节。元兵南下时，谢翱跟随文天祥抗元，宁死不屈。又曾与诗友们一起吟诗作赋，著有《晞发集》。

晋朝人嵇康，为人疏旷，与山涛友善。司马氏掌权时，山涛曾邀他出来做官，嵇康写信与他绝交说："游山泽，亲鱼鸟，心甚乐之。一行作吏，此事便废，安能舍其所乐而从其所惧哉！"又说："每常小便，忍而不起，令胞中略转乃起耳。"嵇康性懒，故如此。

西溪晏咏　北陇孔嘲

宋朝人晏殊，曾在海陵西溪盐场做官，种植一株牡丹，并把诗刻在石碑上，后来范仲淹到了这地方，也题诗一首。当地的人，因为是他们两位写的诗，所以用红漆的栅栏来保护花和碑石，牡丹长得茂盛，每次能开几百朵花，是海滨奇观。

孔稚珪是南朝山阴人，曾经跟周颙隐居北钟山。后周颙出任海盐令，路过此地，孔稚珪写《北山移文》，借此山灵的口，对周大加嘲弄。

民皆字郑 羌愿姓包

三国时魏国的郑浑，曾任下蔡长、邵陵令。当时天下大乱，百姓都不愿从事农业生产，生了孩子也无法养活，郑浑在他的辖区，带领百姓广开稻田，课使耕桑，从重处罚那些不抚养子女的人。百姓开始敬畏，收成也渐渐好起来，百姓非常拥戴他，所生的孩子多以“郑”为字。

北宋包拯为官清廉，正直无私。西羌人俞龙珂归顺宋朝，对迎接他的使者说：“平生听说包中丞拯是朝廷忠臣，我既归宋，乞赐姓包。”宋神宗同意了他的请求，赐他姓包，名顺。

骑鹏沈晦 射鸭孟郊

宋朝人编的《春渚纪闻》中记载：沈晦梦见自己骑着大鹏，乘风飞起。于是写下《大鹏赋》来记述这件事，不久就名满天下。

唐宪宗元和初年，孟郊任溧阳县尉，在县内的平陵城建有射鸭堂，并且赋诗道：“不知竹枝弓，射鸭无是非。”

戴颙鼓吹 贾岛推敲

有一年春天，晋朝人戴颙带着斗酒外出，人们问他去哪里，他说：“去听黄鹂声，此俗耳针砭，诗肠鼓吹，汝知之否？”鼓吹指作诗的灵感。

唐朝诗人贾岛，曾入法乾寺为僧。他作诗时，喜苦吟，在写“僧敲月下门”一句时，就诗中“推”、“敲”二字决断不下，骑在驴子上沉思，不觉冲撞了京兆尹韩愈的车驾。左右将他带到韩愈马前盘问，贾岛以实相告，韩愈说：“敲字佳。”两人论诗，成为布衣之交，韩愈叫贾岛改业向学，后来，贾岛考中了进士。

四　豪

禹承虞舜　说相殷高

从前大禹治水有功，虞舜将天下禅让给他，让他成为了首领。

傅说是商朝的贤相。早年傅说家贫，不能自给，在傅岩一带，替人筑路为生。商高宗武丁梦见上帝送给他一位良相，就根据梦境寻找，在筑路的奴隶中间发现了傅说，通过与他谈话，觉得他果真是位圣人，于是任他为相。

韩侯敝裤　张禄绨袍

韩昭侯有敝裤，叫人收藏起来。仆人们说：“为什么不赐给左右？”昭侯说：“我听说明主对一颦一笑都非常谨慎，该颦时颦，该笑时笑，这条裤难道只是颦笑之类的小事吗？我一定要将这条裤赐给有功之人。”

范雎是魏国人，有一次，他和须贾受命出使齐国。须贾怀疑范雎私通齐国，便密告丞相魏齐。魏齐派人用鞭子打范雎，将他打得死去活来。范雎装死，被扔在厕所，才得以逃脱。到秦国后改名张禄，任秦昭王之相。后来，须贾出使秦国，范雎穿破烂衣服去见他，须贾大吃一惊说：“范叔尚在乎？何一贫至此哉！”就脱下绨袍送他。后知他已是秦国国相，就肉袒谢罪。范雎因绨袍之情，放了须贾。

相如题柱　韩愈焚膏

司马相如是著名的汉赋家，成都人。他出川东游时，曾在成都升仙桥的桥柱上题句:“不乘高车驷马,誓不过此桥也。”后来果然当了中郎将,奉命使蜀,太守以下郊迎,县令负弩前驱。

韩愈勤学好问,他七岁开始读书,日记数千言,夜以继日,焚膏继晷,经史百家,无所不通,终于成为一代名家。苏轼称赞韩愈:“文起八代之衰,道济天下之溺。”

捐生纪信　争死孔褒

纪信是刘邦的部将,楚汉相争时,项羽将刘邦围在荥阳,情况十分危急,刘邦无法脱身。纪信请求乘坐刘邦的黄幄车,伪装成刘邦出去投降,刘邦趁机逃走,项羽一怒之下,将纪信烧死。

东汉人孔褒是孔子第二十代孙。山阳人张俭得罪了宦官侯览,遭到通缉追捕,张俭逃往孔褒家避难。孔褒不在家,他的弟弟孔融年仅十六岁,将张俭藏在家里。事情被发现后,张俭逃走,官府抓了孔褒、孔融,兄弟争死,最后孔褒被治罪。

孔璋文伯　梦得诗豪

东汉人陈琳,字孔璋,曾写过《武库赋》、《应机论》,友人张纮读了他的文章,写信赞扬他,陈琳回信说:“自仆在河北,与天下隔。此间率少于文章,易为雄伯。与足下相比,真是小巫见大巫。”

唐代诗人刘禹锡,字梦得。诗风雄浑豪迈,白居易称他为“诗豪”。

马援矍铄　巢父清高

东汉人马援,光武帝时任伏波将军。他常对宾客说:“丈夫立志,穷当益坚,老当益壮。”他还说:“男儿要当死于边野,以马革裹尸还。”六十二岁时,主动请缨南征,起初,光武帝认为他年老,没有同意。马援披甲上马，据鞍顾盼，以示可用。光武帝笑着说："老将军真精神啊！"于是同意了他的请求。

巢父是尧时的隐士，隐居时以树为巢，寝处其上，因此号巢父。尧曾想把天下让给他，巢父说："君之牧天下，犹予之牧犊，无用天下为？"于是不受而去。

伯伦鸡肋　超宗凤毛

晋人刘伶，字伯伦，体格消瘦，放浪形骸。有一次，他与一俗士发生口角，俗士要打他。刘伶和颜悦色地对他说："鸡肋怎能挡得了您的老拳呢？"俗士听了，就没打他。

南北朝时的谢凤，字超宗，好学有文词，曾作《殷淑仪诔》。孝武帝称赞说："超宗殊有凤毛，如灵运复出。"

服虔赁作　车胤重劳

汉朝人服虔想注《春秋》一书。他去别人那儿参师，听说崔烈很会讲解《春秋》，就隐姓埋名，请求当崔烈的门客。每当崔烈讲解时，他就去偷听。不久，他见崔烈的水平没有超过自己，就与诸生议论崔烈的长短。崔烈知道后，就跟他结成朋友。

晋朝人车胤勤学好问，他曾拜谢公兄弟为师，喜欢问难。他对袁羊说："不问则德音有遗，多问则重劳二谢。"袁羊说："无妨，何尝见明镜疲于屡照，清流惮于惠风？"

张仪折竹　任末燃蒿

张仪是战国时的著名游说之士。他年轻时曾经替人家抄书，遇上没见过的好句，就把它写在掌中或大腿上。晚上回家后，再刻写在竹简上，久而久之，就集成了册子。

宋朝人任末，勤奋好学。他读书时，就在山林中搭起茅草小屋，削荆为笔；夜则映月望星，暗则燃蒿自照；看到书中有合意的词句，就写到衣裳和手掌上。门徒们被他这种勤学的精神所感动，常常为他换上干净的衣服。

贺循冰玉　公瑾醇醪

晋朝人贺循，为当世儒尊，操守清厉。晋元帝曾经说："循冰清玉洁，位上卿而居室才蔽风雨。"

三国名将周瑜，字公瑾，英达有文武才。吴国老将程普倚老卖老，多次凌侮周瑜，周瑜十分宽容，从不与他计较，程普说："与公瑾交，如饮醇醪，不觉自醉。"

庞公休畅　刘子高操

东汉末年，庞德公与司马德操隔着汉水而居。两人的居室隔江相望，两人志趣相投，经常欢会，相谈十分欢畅。

南北朝人刘訏和他的堂兄刘歊，还有阮孝绪，情操高洁，人称"三隐"。

季札挂剑　吕虔赠刀

春秋时期，吴国的公子季札是位讲信义的君子。有一次，他奉命出使鲁国，路过徐国。徐国的国君喜欢季札的宝剑，但又不敢开口。季札知道徐君的心事，因为要出使上国，没有把宝剑送给他。等到季札完成使命返回时，又经过徐国，这时徐国国君已死，季札就解下宝剑，将它挂在徐国国君坟旁的树上。仆人问："你将宝剑送给谁？"季札说："起初我就已经心许了他，怎么能因为他死了就违背我的心愿呢？"

晋朝人吕虔，有把佩刀，相士认为必须是位居三公的人才可佩戴此刀。吕虔将刀赠给王祥说："卿有上卿之才，聊以相赠。"后来，王祥又把刀送给了他的弟弟王览，王览得刀后，他的子孙后代中多有贤才。

来护卓荦　梁竦矜高

隋朝人来护儿，年轻时卓荦超群，当他在书中读到"击鼓其镗，踊跃用兵"、"羔裘豹饰，孔武有力"等名句时，就放下书感叹说："大丈夫当为国灭贼，以取功名，安能区区事笔砚乎！"后来，他任大都督，灭掉南方的陈朝，成为隋朝的功臣。

汉朝人梁竦，自负其才，常常郁郁不得意。他曾经登高望远，感叹说："大丈夫居世，生当封侯，死当庙食。如其不然，闲居可以养志，读书足以自娱，州郡之职，徒劳人耳。"后来，官府多次征召，他都不应命，著有《七序》一书。

壮心处仲　操行陈陶

晋朝人王敦，字处仲。任荆州刺史时，每次喝醉酒后，就用铁如意敲打唾壶，边敲边唱道："老骥伏枥，志在千里；烈士暮年，壮心不已。"过后一看，壶口都被敲缺了。

五代人陈陶，操行高洁，又善于写诗。郡守严撰想考验他，就派小妾莲花去引诱他，整整一个晚上，陈陶都不为所动。他曾经写有"中原不是无麟凤，自是皇家结网疏"的诗句，是脍炙人口的名句。

子荆爽迈　孝伯清操

晋朝人孙子荆，才华出众，性格豪爽，年轻时他想过隐居生活。他曾经对王武子说他要枕流漱石，王武子认为他说错了。他说："所以枕流，欲洗其耳；所以漱石，欲砺其齿。”

晋朝人王恭，清操过人，自负才高出众，常想干一番大事业。他曾说：“名士不必须奇才，但使常得无事，痛饮酒，熟读《离骚》，便可称名士。”

李订六逸　石与三豪

李白居任城时，与孔巢父、陶沔、韩准、裴政、张叔明订交，一起住在徂徕山，号称“竹溪六逸”。

宋朝人石延年，字曼卿，善于写诗，人们把他与欧阳修、杜牧相提并论，称为“文坛三豪”。即说欧阳修豪于文，石延年豪于诗，杜牧豪于歌。

郑弘还箭　元性成刀

汉朝人郑弘，浙江山阴人，未发达时在白鹤山砍柴，捡到一支箭。不久有人来寻找，郑弘将箭还给了他，那人问郑弘想要什么，郑弘说：“我担柴过若耶溪时，常感为难，希望白天吹南风，晚上吹北风。”后来果然如愿以偿。

三国时人蒲元性，曾在斜谷口为诸葛亮铸刀三千口，刀铸成后，他说要用蜀江的水淬火。于是派人去运水，水运来后，蒲元性将刀拿到水中淬火。他对运水人说：这水不纯，里面掺杂了涪江的水。运水的人只好老实承认：他到蜀江运了水后，在路上洒泼了许多，只好在涪江渡口加了八升水。蒲元性用蜀江水淬火的刀，锋利无比，人称神刀。

刘殷七业　何点三高

晋朝人刘殷，对长辈非常孝顺。有一年冬天，他的曾祖母病了，想吃只有夏天才有的堇菜。当时刘殷只有九岁，就到泽中恸哭，堇菜忽生。刘殷采了堇菜，高兴地带回家交给曾祖母。后来，他位至太保。刘殷有七个儿子，都学业有成，五子受五经，一子授《史记》，一子授《汉书》，一门之内，七业俱兴。

南北朝人何点，与他的哥哥何求、弟弟何胤皆隐遁不仕，人称“何氏三高”。

五　歌

二使入蜀　五老游河

东汉和帝时，曾派两个使者到蜀地去考察当地的风俗习惯。候吏李郃知道他们什么时候出发，两位使者感到很惊奇，问他为什么知道，他说：“有二使星临益部，故知之。”原来李郃懂天文。

《论语谶》中记载：尧曾带着舜等游首山，观河渚，遇上五老也游河渚，尧知道五老是古代传说中的五星之精，不一会儿，只见五老化为流星，飞入了土、昴之间。

孙登坐啸　谭峭行歌

东汉末年的孙登，是一位隐士，他隐居在苏门山。阮籍去拜访他，两人相对而坐，沉默良久。阮籍只得返回，行至半岭，闻有声如凤鸾鸣，响彻山林，原来是孙登独自长啸。

唐朝人谭峭自幼聪敏，一心想成仙，他经常边走边吟唱：“线作长江扇作天，靸鞋抛在海东边。蓬莱信道无多路，只在谭生拄杖前。”后来，谭峭入青城山仙去。

汉王封齿　齐主烹阿

汉高祖刘邦大封同姓兄弟为官。诸将有所议论，刘邦想了解情况，便问张良，张良说："陛下靠他们取得了天下，今大封同姓，诸将欲谋反。"就劝高祖赶快封自己最憎恨的雍齿为什方侯，诸将说："雍齿都封了侯，吾辈无患矣。"大家的气愤才得以平息下来。

齐威王时，有人诋毁即墨大夫，于是威王派人到即墨去视察，了解实情，结果发现即墨被治理得很好。另有人赞誉阿大夫，威王也派人去阿地一看，却发现阿地被治理得一塌糊涂。齐威王根据这种情况，就封即墨大夫为万户侯，并当日烹死阿大夫和说谎的人，群臣都非常害怕，齐国大治。

丁兰刻木　王质烂柯

丁兰是汉代河内人，年少时母亲去世，他用木头雕刻母亲的像，仍像母亲活着一样侍奉她。有一次，丁兰不在家，邻居张叔喝醉了酒，诅咒丁母的木像，并且用东西击打它。丁兰回家后看到木像不高兴，就问木像是怎么回事，木像告诉了他事情的原委，丁兰痛打张叔。官府将丁兰逮捕，木像为之垂泪，郡守认为丁兰的孝道能通神明，就赦免了他。

晋朝人王质，上山砍柴，来到一个石洞，看见两个小孩在那里下围棋，就放下斧子在旁边观看。小孩把一粒如枣核的东西给他吃，他就不觉得饿，等他回家时，发现斧头柄已朽烂，原来已经过了数百年，父母亲戚都已不在了。

霍光忠厚　黄霸宽和

汉朝人霍光任光禄大夫，在朝廷任职二十多年，小心谨慎，从没有犯过错。汉武帝想立刘弗陵为太子，又担心弗陵年纪太小，遍观群臣，只有霍光忠厚可靠，就叫宦官画了一幅画给霍光，画面上画的是周公背着成王接受诸侯朝拜。不久，霍光任大司马大将军。受遗诏辅少主汉昭帝。

汉朝人黄霸，为官温良宽和，力行仁政，时人称善。

桓谭非谶　王商止讹

东汉人桓谭，曾为议郎给事中。当时，光武帝刘秀迷信图谶，桓谭力谏，光武帝大怒，欲斩之，桓谭叩头流血，谏诤不已。

西汉人王商，汉成帝时曾任左将军。有一次，京中有谣传说要发大水，人们惊慌失措，秩序大乱。大将军王凤认为应该让太后与皇上登船，并令吏民上城避水。王商说："这一定是谣言，不要惊扰百姓。"经查，确实是讹言，因此，成帝大赞王商。

隐翁龚胜　刺客荆轲

汉朝人龚胜，在汉哀帝时任谏议大夫。王莽秉政时，他挂冠隐居，王莽多次派人请他出来，他都不为所动。他曾对门客说："怎么能一生事二主呢！"于是就称病不出，绝食十四天而死。

战国时期，燕太子丹派荆轲刺杀秦王。临行时，太子以及宾客们都穿着白衣，戴着白帽为他送行，高渐离击筑，荆轲和而歌："风萧萧兮易水寒，壮士一去兮不复还！"慷慨悲壮。荆轲到秦国后，刺杀秦王没有成功，反被秦人杀了。

老人结草　饿夫倒戈

春秋时，晋大夫魏武子有个宠妾，魏武子生病时，对儿子魏颗说："我死后，一定要将她嫁掉。"魏武子病重时，又对儿子说："一定要让她殉葬。”魏武子死后，魏颗将父亲的宠妾嫁了。秦国出兵攻打晋国，魏颗打败秦兵，俘虏了秦将杜回。当魏颗与杜回交战时，只见一位老人结草使杜回仆倒在地。夜里，魏颗梦见一位老人对他说：“我就是你嫁掉的妇人的父亲，你没有让她殉葬，我特来报答你。”

春秋时，晋大夫赵盾在首山打猎，看见一个人饿倒路旁，赵盾就让人给他吃的。那人进食时，将食物舍下一半，赵盾问他是什么原因，那人说：“我离家已经三年了，不知道母亲是否还在，如今离家近了，我想把这些食物留给她吃。”赵盾叫他将食物全部吃完，另外将一些肉食给他，让他带回家给他母亲吃。后来，赵盾的仇人派人刺杀他，刺客中有那个饿夫，他倒戈将其他的刺客赶跑，赵盾幸免于难，赵盾问他姓名住址，他不肯讲，自己逃走了。

弈宽李讷　碑赚孙何

唐朝人李讷，性情急躁，非常爱下棋。当他急躁时，人们就将棋具摆在他面前，他就高兴地拿起棋子布算，以致忘了愤怒。

宋朝人孙何，好古文，性情苛刻。任转运使时，州县的官吏都很怕他，就收集了许多字迹模糊的古碑放在馆中。孙何下州县巡察时，只要看到古碑，就会全神贯注地去辨认，往往忘乎一切，不再省录文案了。

子猷啸咏　斯立吟哦

晋朝人王子猷喜欢在住宅的周围栽种竹子，面对竹林，往往啸吟久之。他指着竹林对人说：“何可一日无此君！”

唐朝人崔斯立，唐宪宗元和初年任蓝田县丞。县府的庭院里，有四行老槐，围墙的南边有挺拔的大竹子，还有两棵松树，崔斯立每天在竹树丛中吟哦。人们问他在干什么，他总是说：“我有公事，你暂时离开。”

弈世貂珥　闾里鸣珂

金日磾是匈奴休屠王子，武帝时归附于汉。他相貌奇特，为人忠诚，深得武帝信赖，与霍光同受遗诏，辅佐年幼的汉昭帝，被封为侯。他有两个儿子：金赏、金建，汉昭帝时都任侍中。金赏承袭了侯爵的爵位，与张安世都获得了七叶貂珥（貂珥：汉代宦官帽上插貂尾，悬珥珰，以示显贵）。

张嘉贞是唐朝人，武则天时曾任监察御史，唐玄宗开元年间任中书令。他的弟弟张嘉祐任金吾将军，每次上朝时，车盖随从塞满街巷，车马上佩饰的响声充耳，所居街坊被称为"鸣珂里"。

昙辍丝竹　裒废蓼莪

晋朝人羊昙，是谢安的外甥，谢安非常喜欢他。谢安死后，他有几年不听音乐，外出也不愿经过西州路。有一次，他路过金陵，睹物思人，悲泣不已，不由吟咏曹植的诗："生存华屋处，零落归山丘。"恸哭而去。

王仪是三国时魏国人，因为直言而被司马昭所杀。王仪的儿子王裒因为父亲死于非命，辞官隐居，设馆教书，每次读到《诗经·蓼莪》中"哀哀父母，生我劬劳"时，常常泪流满面。因此他的学生都不读《蓼莪》这篇中的诗句，怕引起老师的悲伤。

箕陈五福　华祝三多

周武王灭商后，亲自向箕子访求治国之道。箕子向他讲述了五福：一曰寿，二曰富，三曰康宁，四曰攸好德，五曰考终命。

尧帝巡幸华山，华封人祝说："愿圣人多福多寿多男子。"人称"华祝三多"。

六　麻

万石秦氏　三戟崔家

汉朝人秦彭，任颍川太守。他的五位堂兄弟同时任俸禄为两千石的高官，当地称为“万石秦氏”。

唐朝人崔琳，唐玄宗开元年间任中书令。他的弟弟崔珪为太子詹事，崔瑶为光禄大夫，都是棨戟护侍，当时人称为“三戟崔家”。

退之驱鳄　叔敖埋蛇

唐朝诗人韩愈，字退之，因直言被贬为潮州刺史。当地鳄鱼为患，韩愈写《祭鳄鱼文》驱之，当夜风雨大作，鳄鱼西迁六十里，百姓得以安居。

孙叔敖是春秋时楚国人。小时外出，看见一条两头蛇，他把蛇杀死埋掉。回家哭着告诉母亲说：“我听说看见了两头蛇的人是会死的，恐怕不能侍奉父母双亲了。”母亲说：“有阴德者必有好报，你埋蛇，积了阴德，不会死的。”后来，楚庄王任命他为令尹。

虞诩易服　道济量沙

汉朝人虞诩任武都太守时，武都被一万多羌兵包围。当时，虞诩的兵力不足三千，他心生一计，命令士兵列队从东门出西门进，每进出一次，都换一次衣服。转了几个来回，羌兵以为汉军人多士众，惊慌后退，虞诩设伏兵狙击，前后夹攻，大败羌兵。

檀道济是南朝刘宋的大将，宋文帝元嘉八年，他领兵伐魏，与三十余万魏兵鏖战，因资粮缺乏而撤兵。魏兵追来，檀道济命令士兵唱筹量沙，把剩下的米盖在上面。天亮时，魏军见檀道济资粮有余，责备降卒讲假话，把他们杀掉。檀道济因而得以全军安然撤退。

伋辞馈肉　琼却饷瓜

孔伋是孔子的孙子，鲁穆公几次派人送瘦肉给他，他将使者挡在门外，北面稽首再拜而不受。

北齐人苏琼，曾任清河太守。为官清廉，从不受人贿赂。郡人赵颖八十多岁了，退休在家，亲自送刚上市的新瓜两个。苏琼只好留置梁上，不剖开吃。人们听说苏琼接受了赵颖送的瓜，都争着要送新鲜的瓜果给他，后来知道那两个瓜还放在梁上，就都回去了。

祭遵俎豆　柴绍琵琶

祭遵是东汉人，他跟随光武帝攻打河北，立下功劳，他将所得赏赐都给手下将士。虽在军里，却从不忘祭祀。光武帝常常感叹说："哪里还找得到像祭遵这样忧国奉公的大臣呢？"后来，他被封为颍阳侯，死后，成为云台二十八将之一。

吐谷浑与党项人侵犯唐朝的边境，唐高祖的女婿柴绍领兵抵抗。敌人居高放箭，矢如雨下。柴绍安坐如山，派人弹奏琵琶，两个女子对舞。敌兵感到奇怪，便停止射箭，进行探视。柴绍乘敌人懈怠，派精锐骑兵绕到敌人背后予以猛烈攻击，大败敌人。

法常评酒　鸿渐论茶

僧人法常喜欢喝酒，酒后爱发表感慨，他说："酒国安恬，无君臣贵贱之拘，无财利之图，无刑罚之避，其乐陶陶。"

唐朝人陆羽，字鸿渐，曾论说茶之功效和煎煮之法，著有《茶经》一书，被称为“茶圣”。

陶怡松菊　田乐烟霞

陶渊明辞官回乡隐居，写了《归去来辞》一文，其中有“三径就荒，松菊犹存”之句，想必他是以松菊自怡悦也。

田游岩是唐代三原人，隐居太白山，后又到箕山，住在许由祠堂旁边。朝廷多次请他出山，他都没答应。唐高宗游幸嵩山，亲自登门拜访田游岩，高宗问道：“先生近来还好吗？”田说：“臣所谓泉石膏肓，烟霞痼疾者。”

孟邺九穗　郑珏一麻

北齐人孟邺任东郡太守，为官宽厚仁慈。郡内的麦子有的一茎五穗，有的一茎三四穗，有人送来一茎九穗的，人们都认为这是孟邺的德化所感。

五代时，后唐郑珏与李愚同为学士。郑珏的住宅旁忽然长出一株麻来，李愚说：“这是拜相之兆。”到了霜降时，麻结籽成实，原来是一株白麻。郑珏后来果然拜相。

颜回练马　乐广杯蛇

孔子和他的学生颜回一起登泰山，望见吴地阊门外有一匹白马，孔子说：“你看见吴地的阊门了吗？”颜回说：“看见了。”问：“门外有什么？”答：“有匹练之状。”孔子说：“噫，是匹白马。”后来，就称马为匹。

晋人乐广，请朋友饮酒，后来朋友告诉他说：“前蒙赐酒，见杯中有蛇影，自此得病。”乐广告诉他，是墙壁上的角弓，弓影映入杯中，像蛇的形状。乐广又备酒请那位朋友，问道：“你看见了什么？”朋友说：“看见了蛇形。”乐广将原因告诉他，朋友疑虑顿消，病也好了。

罗珦持节　王播笼纱

唐朝人罗珦，年轻时家境贫困，曾经到福泉寺随僧人吃饭。二十年后做了大官，持节还乡，又到福泉寺，在僧房题诗抒怀：“二十年前此布衣，鹿鸣西上虎符归。故时宾从过前寺，到处松杉长旧围。野老竞遮官道拜，沙鸥遥避隼旟飞。春风一宿琉璃殿，自有泉声惬素机。”

唐朝人王播，唐穆宗时曾任宰相。他没有发达时，曾在扬州木兰寺随僧闻钟吃饭。僧人讨厌他，饭后击钟，王播又惭愧又生气，就在寺壁上题诗道：“上堂已了各西东，惭愧阇黎饭后钟。”僧人夺下他的笔，王播拂袖而去。后来，王播显贵，担任扬州刺史，又到木兰寺，看见从前题写的诗，已被碧纱笼罩。于是又续写道：“三十年前尘扑面，而今始得碧纱笼。”

能言李泌　敢谏香车

唐朝时，李泌与唐肃宗同寝。李泌坚决请求回山隐居，唐肃宗说：“你是因为我没有采纳你的主意吧？”李泌说：“不是的。是因为建宁王的事。从前武后杀掉长子李弘，次子李贤非常害怕，就写了一首《黄台瓜辞》，希望武后能醒悟过来，辞中写道：‘种瓜黄台下，瓜熟子离离，一摘使瓜好，两摘使瓜稀，三摘犹为可，四摘抱蔓归。’现在陛下已摘一瓜，慎勿再摘。”唐肃宗听了李泌的话，不再杀王子了。

齐宣王建造一座大房子，要占地百亩，群臣莫敢谏，只有大臣香车冒死讽谏，齐宣王只得停止了这项工程。

韩愈辟佛　傅奕除邪

韩愈谏唐宪宗迎佛骨，认为佛不值得侍奉，应该让有关部门将它扔到水中去，从根本上杜绝它。可以说，韩愈是非常排斥佛教的。

唐朝人傅奕，上表请除佛法，遇到很大的阻力。唐太宗时，来了一位胡僧，他能将人咒死，又能让人复活。傅奕说："这是邪术，邪不能干正。让他咒臣，肯定不灵验。"胡僧咒傅奕，不灵，那和尚立即仆地而死。

春藏足垢　邕嗜疮痂

南北朝人阴子春，官至刺史，身上的衣服非常肮脏，几年才洗一次脚，说："每洗一次脚就会失财。"后来，他到梁州做官，一年洗了两次脚，真的就败了事。

南北朝人刘邕，爱吃疮痂，认为其味道跟鳆鱼一样鲜美。

薛笺成彩　江笔生花

成都西南有个地方名叫浣花溪，杜甫草堂就在溪旁。后来，名妓薛涛在那儿构建居室，用浣花溪的水制成一种十色彩笺，人称"薛涛笺"。

南朝人江淹，年轻时就善作文。他任蒲城令时，晚上住在孤山上，梦见有人给他一支五色笔，因此他的文章越写越好。过了十多年，他宿在冶亭里，梦见有一美男子对他说："我有一支笔，放在你那儿多年了，你要还给我。"江淹从怀中拿出笔来还给了他，从那以后，江淹的文章再也没有佳句了，人们说"江郎才尽"。

班昭汉史　蔡琰胡笳

东汉人班昭是有名的才女，她是班固的妹妹，曾嫁曹世叔为妻，早寡。班固著《汉书》没有完成就死了，皇帝让班昭到东观将《汉书》继续写完。班昭几次被召入宫中，皇帝让皇后、贵人拜她为师，称为“曹大家”。

蔡琰是蔡邕的女儿，字文姬，历史上著名的才女。曾被匈奴乱兵抓往北方，嫁给匈奴首领为妻，在匈奴生活了十二年。曹操痛惜蔡邕无子，就用金帛将蔡琰赎回，蔡琰感慨系之，写了《胡笳十八拍》。

凤凰律吕　鹦鹉琵琶

黄帝叫乐官用竹子制成乐器，模仿凤凰的叫声制成十二管，雄鸣为六律，雌鸣叫六吕，称为律本。

宋朝人蔡确，曾任宰相，后被贬新州。他有个侍女叫琵琶，家里还养了一只非常聪明的鹦鹉。蔡确每次叩响板，鹦鹉就会叫出琵琶的名字来。琵琶死后，蔡确误叩响板，鹦鹉不停地叫琵琶的名字，蔡确非常感伤，就写诗道：“鹦鹉言犹在，琵琶事已非。伤心瘴江水，同渡不同归。”

渡传桃叶　村名杏花

东晋王献之有一爱妾，名叫桃叶。相传王献之作歌送她过秦淮河，后来就把桃叶过河的渡口称为桃叶渡。

唐朝诗人杜牧，诗情豪迈，人称“小杜”。清明时节，他在安徽池州的一个村子里曾写下“借问酒家何处有？牧童遥指杏花村”。后来，人们就把此村称为杏花村。

七　阳

君起盘古　人始亚当

神话传说盘古是开天辟地的人，生于天地混沌之时。他让天每日长高一丈，地每日增厚一丈，就这样，过了一万八千年，天变得很高，地变得极厚。所有的日月、星辰、风云、山川、田地、草木、金石，都是由盘古死后身体各部分变成的。

《圣经》中记载，上帝用泥土造出一个男人叫亚当，又用亚当的肋骨造出一个女人叫夏娃，将二人同放在伊甸园中，二人在蛇的引诱下，偷吃了禁果。上帝把他们逐出伊甸园，他们生了两个孩子，一个叫迦音，一个叫亚伯。人类的繁衍从此开始。

明皇花萼　灵运池塘

唐玄宗对他的兄弟们都很友爱，在宫殿的四周为他的兄弟建住宅，一座叫“花萼相辉之楼”，一座叫“勤政务本之楼”。唐玄宗常常带诸王上楼赏乐宴饮，兄弟之间欢乐融洽。

谢灵运是南朝著名的诗人，他有一个堂弟名叫谢惠连，十岁就能写诗作文，谢灵运对他非常赏识，曾对人说：“每有篇章，对惠连辄得佳语。”他曾在永嘉西堂写诗，想了一整天也没写出来，后来梦见惠连，就想出了“池塘生春草”这样的佳句。

神威翼德　义勇云长

张飞，字翼德。有一次，刘备被曹操打败，败奔江南，曹操派兵追赶，张飞站在霸陵桥上瞪着眼睛，横矛大喝道：“我是张翼德，谁敢来送死？”曹兵没有人敢靠近他，史称张翼德神威无敌。

关羽，字云长，与先主刘备誓同生死。他曾受刘备之托，在下邳保护刘备的家小。曹操派兵围攻下邳，并派张辽前来劝降，关羽表三约以明志。

羿雄射日　衍愤飞霜

传说尧时有十个太阳，一起升在天空，把庄稼、森林都晒死了。尧就命令后羿射掉九个太阳，只剩下一个，就是今天这个太阳。

邹衍是战国时人，他听说燕昭王礼贤下士，就从梁国来到燕国，燕王为他筑碣石宫，并拜他为师。燕昭王死后，惠王听信谗言，把他投入监牢。邹衍无法申冤，只得仰天大哭，当时正是暑夏之时，竟降下了寒霜。

王祥求鲤　叔向埋羊

晋人王祥，侍奉继母朱氏非常恭谨孝顺。寒冬腊月，继母想吃鲜鱼，王祥就解开衣服，伏在冰上，让冰融化，忽然有两条鲤鱼从冰下跳出。

叔向是晋国的大臣。有个人偷了羊，将羊头送给叔向，叔向的母亲将羊头埋了。过了三年，偷羊的事被发现了，叔向受到牵连，就将先前埋的羊头挖出来，羊头上的骨肉都没了，只剩下舌头，以此为据，叔向才得以获释。后来，叔向就以“羊舌”为姓。

亮方管乐　勒比高光

东汉末年，诸葛亮躬耕南阳，隐居隆中，曾写了《梁父吟》，把自己比作管仲、乐毅，人们大多不以为然，只有博陵崔州平、颍川徐元直相信他说的。后来，诸葛亮出仕先主，三分鼎峙。

石勒是十六国时人，徐光认为他超过汉高祖、光武帝，石勒说：“卿言亦已太过！人岂不自知，朕遇高祖，当北面事之；若遇光武，可以并驱中原。大丈夫宜磊落如日月，终不效曹操与司马懿，欺孤凌寡，狐媚以取天下。”

世南书监　晁错智囊

唐太宗曾称虞世南有五绝：一德行，二忠直，三博学，四文词，五书翰。有一次，唐太宗外出，有司请求带书跟他一起去，太宗说："虞世南在，行秘书监也，何用载书？"

西汉人晁错，研究刑名之学，造诣颇高。汉文帝非常赏识他，任他为太子家令，因为晁错能言善辩，太子很尊敬他，称他为智囊。

昌囚羑里　收遁首阳

周文王姓姬名昌，本是商朝的诸侯。商纣王昏庸无道，听信崇侯虎的谗言，将姬昌囚禁在羑里。后姬昌起兵反商，建立周朝，史称周文王。

南北朝人薛收，听说唐高祖起兵反隋，就逃进首阳山，准备响应高祖义举。入唐以后，因功勋显赫，被封为汾阴侯。

轼攻正叔　浚沮李纲

宋朝人程颐，字正叔，是著名的理学家。他曾向朝廷上书，劝宋仁宗实行王道。他为人过分庄重，苏轼认为他不近人情，就和顾临等人写文章一起联名弹劾他。后来，程颐转任西京国子监。

宋朝人李纲，耿介正直，宋钦宗时曾任宰相。侍御史张浚联络黄潜善、汪伯彦诬陷他，说他私自招兵买马，朝廷将他贬为闲职，人们都为他惋惜。

降金刘豫　顺虏邦昌

宋朝人刘豫曾任河北提刑，金兵南侵时，他弃官往真州。后来，投降金人，被金人册封为"大齐"皇帝，是宋史上著名的卖国贼，后被金人废黜而死。

北宋末年，金兵攻宋，张邦昌为相，力主投降，后被金人立为“楚帝”。南宋建立后，宋高宗将他赐死。

瑜烧赤壁　轼谪黄冈

东汉末年，曹操率八十万大军攻吴。吴国许多大臣主张降曹，只有周瑜请求给他三万精兵，活捉曹操。后来，周瑜与程普等率兵抗曹，赤壁鏖战，火烧曹军，建立赫赫战功。

苏轼任杭州通判时，中丞李定、御史舒亶从苏轼的诗中断章取义，认为他怨谤君父，将他逮捕下狱，史称“乌台诗案”。后来，曹太后阅读了苏轼的诗文，认为苏轼是被仇人中伤，将他免罪出狱，贬为黄州团练副使。

马融绛帐　李贺锦囊

东汉人马融，高才博学，世称通儒。他设堂授徒时，在讲堂中挂起绛帐，前授生徒，后列女乐，达生任性，不拘儒者之节。

唐朝诗人李贺，喜欢苦吟。他每天早晨出门时，总是骑着一匹瘦马，让书童背着锦囊跟在后面。一旦想到好的诗句，就写好投入锦囊，晚上回家后，整理成篇。

昙迁营葬　脂习临丧

释昙迁是南朝人，跟范晔是好朋友。后来范晔被杀，亲戚朋友都不敢收葬，惟昙迁变卖衣物，为范晔举行葬礼。宋孝武帝听了这件事，赞叹不已，对徐爰说：“卿著《宋书》，勿遗此士。”

东汉末年，脂习与孔融非常友好。后来，孔融被曹操所杀，孔融的亲朋好友都不敢为他收尸，只有脂习抚着孔融的尸体痛哭着说：“文举！卿舍我死，我当复与谁语者！”曹操本想治脂习的罪，因为脂习的做法是正当的，所以就原谅了他。

仁裕诗窖　刘式墨庄

五代十国时，后蜀王仁裕著诗万篇，被人称为“诗窖子”。

宋朝人刘式，宋太宗时任掌管财政的大臣达十多年。死后，家徒四壁，只留下了几千卷书。他的妻子陈氏对儿子们说：“这些是你父亲的墨庄，现在送给你们作为学习的工具。”后来，他的儿孙们都中了高第，成为当时的名臣。

刘琨啸月　伯奇履霜

晋朝人刘琨，是著名的爱国志士。永嘉初年，他任并州刺史，转战北方，到晋阳时被胡兵包围，城中情况非常危急。刘琨就乘月登楼清啸，胡兵听了，都凄然长叹，不由引起怀乡之情。到天亮时，胡兵就退走了。

西周人尹伯奇，年幼时就死了母亲，父亲续娶，后母常在父亲面前说他的坏话，父亲偏信后母之言，将他赶到野外去。伯奇认为自己无辜被逐，非常悲伤，作《履霜操》以歌之。周宣王出游，伯奇父亲随从出巡，听了伯奇的歌，周宣王说：“此孝子之辞也。”伯奇父亲就到野外去寻找伯奇，伯奇已经化为了伯劳鸟。伯奇父亲回家以后，将后妻射死了。

塞翁失马　臧谷亡羊

《淮南子》上记载说：边塞上有位老翁，他的马逃到胡地去了，人们都来安慰他，他说：“这也许是件好事。”几个月后，这匹马竟带了胡人的骏马回来了。人们来向他祝贺，他说：“这也许不是件好事。”他的儿子骑骏马，从马背上摔下来，手臂断了。人们又来安慰他，他说：“这何尝不是件好事？”后来发生了战祸，青壮年都应征赴前线作战，多半都战死沙场，惟因其子臂断而活了下来。所以说，祸福是相倚而生的。

《庄子》中有这样一则寓言：姓臧的与姓谷的两个人同去牧羊，两人都丢失了羊。问姓臧的干什么去了，他说读书去了。问姓谷的干什么去了，他说赌博游戏去了。两人都丢失了羊，但所做的事却不同。

寇公枯竹　召伯甘棠

寇准是宋真宗时的宰相，因为指斥丁谓是谄媚之人而遭贬谪。临走前点着蜡烛在神祠前祝道：“准若无负朝廷，枯竹再生。”他走后，枯竹果然活了过来。后人称它为“相公竹”。

周朝召公奭，又称召公。他巡行南国时，途中看见一棵棠树，就在树下决狱政事，从侯伯至庶人各得其所。召公死后，百姓十分怀念他，就写了《甘棠》一文来悼念他，因为爱那棵棠树，不忍剪伐。

匡衡凿壁　孙敬悬梁

西汉人匡衡，家贫好学。他家乡有个大户人家藏了很多书，匡衡就到他家做工而不要报酬，主人觉得奇怪，就问他原因，他说：“希望将你家的书都读遍。”主人很感动，就借书给他看。有时夜读无烛，他就凿穿邻家墙壁，借邻家的灯光读书。

汉朝人孙敬，特别好学，终年闭户读书。每当夜读时，都把头发用绳子系在房梁上。如果睡着了，头发被绳子一拉就醒过来了，这样就可以继续读书了。

衣芦闵损　扇枕黄香

鲁国人闵损，年幼就死了母亲，继母偏爱自己的两个孩子，虐待闵损，冬天让他穿芦花絮做的衣服。父亲知道情况后，想赶走继母。闵损反对说：“母在一子寒，母去三子单。”继母知道后很受感动，对闵损也非常慈爱了。

汉朝人黄香，九岁时就死去了母亲。他对父亲非常孝顺，夏天为父亲扇凉枕头席子，冬天用自己的身子为父亲暖被。长大后，他博学能文，京城人都称赞他说：“天下无双，江夏黄香。”

婴扶赵武　籍杀怀王

春秋时晋国人程婴，他与公孙杵臼都是赵朔的门客。屠岸贾杀了赵朔，赵朔的妻子生了个遗腹子，屠岸贾听说后到处搜查，要将赵朔家斩尽杀绝。公孙杵臼抱了别人的儿子充当赵氏孤儿，藏在山里，叫程婴假意去告发。屠岸贾信以为真，派兵去将公孙杵臼和孤儿抓来杀死。程婴将真正的赵氏孤儿藏起来养到十五岁，这就是赵武。赵武后来为家人报仇雪恨，杀了屠岸贾。

项梁起兵反秦，听从了范增的建议，到民间找到楚怀王的孙子，把他立为怀王，用来满足百姓的愿望。后来，项羽尊他为义帝。等到项羽灭秦称王后，就派人将义帝移居长沙。途中，暗中命令九江王英布在江中将怀王杀死。

魏征妩媚　阮籍猖狂

魏征劝谏唐太宗，如果太宗不采纳，魏征就不搭理唐太宗。唐太宗说：“应而后谏，何伤？”魏征说：“昔舜戒面从，臣心知其非而口应陛下，是面从也。"太宗笑着说："人言魏征疏慢，我视之更觉妩媚。"

晋朝人阮籍，容貌瑰杰，任情不羁。有时闭户读书，累月不出；有时登山临水，竟日忘归。有时独自驾着车，不选择路径，走到穷途末路时，就痛哭而返。

雕龙刘勰　愍骥应玚

南北朝人刘勰，他撰写的《文心雕龙》，是我国古代著名的文学理论著作。

应玚是东汉末年人，"建安七子"之一。当时正值董卓之乱，应玚觉得很不得志，就写了一篇《愍骥赋》，把自己比作生不逢时的骏马。

御车泰豆　习射纪昌

造父的老师名叫泰豆。造父开始跟他学习驾车，泰豆三年不教，造父对他越加恭敬，泰豆就对他说："良弓之子必先为箕，良冶之子必先为裘。学驾车，要先随我疾走，然后六辔可持，六马可御。"于是，他就立木为路，只可容足，跑步往返，不跌跤。造父按泰豆的要求练习，三天之内就学到了全部的技巧。之后，泰豆还教他得心应手的妙法。

纪昌向飞卫学习射箭，飞卫说："你先学会不眨眼，然后可以学习射箭。"纪昌回家后，躺在妻子的织布机下，睁着眼看梭子飞动。三年之后，锥尖快触到他的眼睛时也不会眨眼。飞卫说："还不行，要视小如大，视微如著，然后再告诉我。"纪昌以马尾系着虱子，悬在窗户前面，天天看它，觉得虱子慢慢变大了。三年后，再看虱子就像车轮一样。看其他东西大得像山一样。这时，他可射中虱心而马尾不断。

异人彦博　男子天祥

宋朝人文彦博，庄重有威。有一次，契丹使者耶律永昌来朝觐，看见彦博，吓得倒退几步。然后改变脸色说："此潞公耶？何其壮也！真天下异人也！"

南宋爱国志士文天祥，率兵抗击元的进犯，兵败被元所捕。元主想让文天祥为相，他拒不接受，坚强不屈，后被杀害。元主感叹说："文丞相称男子，本朝将相皆不能及，诚可惜也！"

忠贞古弼　奇节任棠

北魏人古弼，为官忠诚正直。有一次，他去向魏太祖上奏，请减苑囿。魏太祖正与刘树下棋，古弼在旁边等了很久也没有得到机会上奏，于是他上前抓住刘树的头发，打他说："朝廷不理，实尔之罪。"太祖惊愕地说："不听奏事，朕之过也，树何罪？"古弼将奏章呈上，太祖认为他很不一般，便准奏。

汉朝人任棠，有奇节，隐居不仕，以教书为业。汉阳太守曾拜访他，任棠不与他说话，只以薤一大本、水一盂放在窗户前，抱着孙儿坐在门旁。主簿认为他倨傲，太守想了很久，终于领悟了任棠的意思，他说："水，是要我为官清廉；拔大本薤，是要我抑制豪强；抱着孙儿坐在门下，是要我怜恤孤寡。"于是叹息而归。

何晏谈易　郭象注庄

东汉人何晏，对《易》很精通，但他认为还有几个问题不理解。一天，他把管辂请来，一起讨论，管辂阐述其中的深义，何晏终于明白了那几个问题。当时邓玄茂在座，他对管辂说："君善《易》，为何语不及

《易》中辞义？”管辂说：“善《易》者不谈《易》中辞义。”何晏含笑赞叹说：“可谓要言不烦。”

晋朝人向秀，曾经注释《庄子》，只有《秋水》、《至乐》两篇没有注完，他就去世了。郭象窃其为己所有，自注《秋水》，又更换《马蹄》一篇，其余的只是定点文句，没做注释。

卧游宗子　坐隐王郎

南北朝人宗炳，好琴书，善画，精玄理，喜欢流连山水，乐而忘归。官府多次征他做官，他都没答应。他生病后，回到江陵，叹息说：“老病俱至，名山恐难遍睹，惟当澄怀观道，卧以游之。”他将一生中游过的山水，都画成图画，挂在屋里，经常赏看。

晋朝人王坦之，曾任北中郎将，人称中郎。《世说新语》上载：“王中郎以围棋为坐隐，支公以围棋为手谈。”

盗酒毕卓　割肉东方

晋朝人毕卓，少年放达，他曾说：“得酒满数百斛，左手持酒杯，右手持蟹螯，拍浮酒船中，便足了一生。”他任吏部郎时，邻家酒酿好了，毕卓因喝醉了酒，夜里又跑到邻家偷酒喝，被主人抓到绑了起来。到天亮一看，原来是毕吏部。

汉朝人东方朔，诙谐滑稽。有一次，汉武帝将祭祀完后的肉赐给随从的官员。大官还没来，东方朔自己割肉而归。有司上奏，武帝叫东方朔自我检讨。东方朔说：“受赐不待诏，何无礼也！拔剑自割，何壮也！割之不多，何廉也！归遗细君（妻子），又何仁也！”武帝笑道：“令卿自责，而反自誉。”又赐给他酒和肉。

李膺破柱　卫瓘抚床

东汉人李膺任司隶校尉，当时宦官张让的弟弟张朔为野王令，贪婪无道，但畏惧李膺的威严，就逃回京城，躲在其兄张让的合柱里面。李膺知道后，就带着吏卒打破合柱，将张朔逮捕下狱，并将他处死。从那时起，宦官的气焰才有所收敛。

西晋人卫瓘，武帝时任侍中。惠帝为太子时，人们都认为他愚痴，不堪继承帝位。有一次，卫瓘喝醉了，就跪在武帝的床前说："臣欲有所启。"武帝问道："卿何言？"卫瓘几次想说，但又不好开口，只是用手抚着武帝的床说："此座可惜！"武帝领悟了他的意思，违心地说："公真大醉也。"

营军细柳　校猎长杨

汉文帝时，匈奴侵犯云中，汉朝让周亚夫驻军细柳，刘礼驻军霸上，徐厉驻军棘门。汉文帝亲自去慰劳将士，至霸上和棘门时，都是长驱而入。到细柳时，先锋官告知："天子将至。"军门都尉说："军中闻将军令，不闻天子诏。"文帝派人持节诏将军，周亚夫才传令打开营门。文帝按辔徐行，来到中营，周亚夫说："甲胄之士不拜。"文帝为之肃然起敬。

汉成帝喜欢打猎，常常将捕获的野兽送到长杨射熊馆，以此向胡人夸耀，然而百姓得不到安宁。扬雄写了《长杨赋》予以讽喻。

忠武具奠　德玉居丧

岳飞，谥忠武，家贫力学。曾向周同学习射箭，能左右开弓。周同死后，每逢朔望日，岳飞都卖衣备酒肉前往周家祭奠，痛哭流涕，拿出周同送给他的弓，朝天射三箭，然后才回家。

唐朝人顾德玉，字润之，他拜俞观光为师。俞没有儿子，曾经说：“我昔病，润之侍汤药，情若父子。医为感动，弗忍受金。我老，必托之以死。”俞死后，顾德玉将他葬在顾氏祖墓的旁边，按时享祭。

敖曹雄异　元发疏狂

南北朝人高昂，字敖曹，威武雄壮，喜欢骑马射箭。他常说男儿当横行天下，自取富贵，不能老死书房。他的父亲曾说：“此儿不大吾门，必灭吾族。”北齐神武帝时，任敖曹为西南道大都督，他祭黄河时说：“河伯水中之神，高敖曹地上之虎。”

宋朝人滕元发，为人疏狂，曾经是范仲淹的门客，嗜酒成性。有一天，范仲淹正在房中点烛读书，他喝醉酒走了进来，就问范仲淹读什么书，范答：“《汉书》。”又问汉高祖是什么人，范没回答就走了。

寇却例簿　吕置夹囊

宋朝人寇准，宋真宗时曾任宰相，他委派官员不论资排辈。有一次，有位官吏拿着一本名册进来，想让寇准按惯例用人，寇准说：“宰相的责任就是进用贤人，斥退小人，如果按例簿用人，只要一个小吏就够了。”

宋朝人吕蒙正，淳化、咸平年间两任宰相。他常常备有一个夹囊，囊中有册子，每遇人来谒见，他都询问是什么人才，马上记下来，分门别类，以备选用。朝廷要选拔人才时，他就从囊中取出，所用之人都很恰当。

彦升白简　元鲁青箱

南朝人任彦升，八岁时就能写文章。梁武帝时，他任御史中丞，每次上奏，他都说："臣谨奉白简以闻。"（弹劾文字，白纸写的为重，黄纸写的为轻。）

王元鲁是南北朝人，王氏家族有个传统，都很熟悉江左旧事，并将这些旧事掌故封在青箱里面，人们称之为"王氏青箱业"。

孔融了了　黄宪汪汪

东汉人孔融，从小就口才极佳，善于应对。当时的名士李膺对他赞叹不已，并对陈韪说孔融是个奇才，陈韪说："小时了了，大未必佳。"孔融说："想君小时，必当了了。"

汉朝人黄宪，字叔度，受时人敬仰。郭泰去拜访他，一连住了几天都不愿离去，人们问他是什么原因，他说："叔度汪汪若千顷波，澄之不清，淆之不浊，不可量也。"

僧岩不测　赵壹非常

南北朝人赵僧岩，器量远大，深不可测，与刘善明友善。刘善明任青州太守，想荐举他为秀才，他大为震惊，拂袖而去。后来入寺为僧，栖迟山谷，常以一壶自随。

汉朝人赵壹，恃才倨傲。他曾送计簿到京城，见了司空袁逢，长揖不拜。袁逢怪他没礼貌，他说："从前郦食其长揖汉王，今我揖三公，有什么奇怪呢？"袁逢听后走下座位，握住他的手表示敬重。当时到京城送计簿的官吏个个鲜衣华服，随带骑从，只有赵壹乘坐破旧的柴车，人们反而都很敬重他。

沈思好客　颜驷为郎

仙人吕洞宾，宋神宗熙宁九年，曾游湖州东林。当地有个名叫沈思的人，人称东老，能酿造十八仙美酒。吕洞宾向他求饮，从上午喝到晚上，喝了几斗酒，却面无酒色，为了表示谢意，题诗壁上："西邻已富忧不足，东老虽贫乐有余。白酒酿来因好客，黄金散尽为收书。"

颜驷是汉朝人，他年纪很大了仍然只是个郎官。有一次，汉武帝巡视郎署，问他为什么这么老了还是个郎官，他说："文帝喜欢文人，但我习武；景帝喜欢美男，而我却貌丑；陛下喜欢年轻人，但我却老了。因此三世不遇。"武帝听后，任他为都尉。

申屠松屋　魏野草堂

东汉人申屠蟠，精研学问，博贯"五经"。他见汉室衰落，认为将要发生动乱，因此，朝廷多次请他，他都隐居不出。董卓之乱时，不少官员遭到杀害，只有他隐居深山，倚松建屋，得免于难，人们都佩服他的先见之明。

宋朝人魏野，隐居草堂，好弹琴赋诗。宋太宗时，曾召他出仕，魏野抱琴越墙逃走。

戴渊西洛　祖逖南塘

晋朝人陆机，休假回洛阳时，随带很多行李。戴渊唆使一些年轻人去抢劫他的行李。陆机见戴渊气宇非凡，却干这种卑鄙的事，就对他说："你有如此才能，为何做劫贼？"戴渊便流下了眼泪，将剑抛在地上，与陆机交谈，二人结成了好朋友。后来，陆机向朝廷举荐戴渊，使他成为了征西将军。

晋朝人祖逖，不蓄私财，无好服玩，人们都愿和他交往。有一次，只见祖逖家裘袍重叠，珍饰盈列，人们觉得很奇怪，就问他，祖逖说："昨夜复南塘一出。"原来，祖逖没有发达时，经常让善武的年轻人去抢劫别人的财物，官府也知而不问。

倾城妲己　嫁虏王嫱

商纣王讨伐有苏氏，得到美女妲己。妲己有倾国倾城之貌，纣王非常宠爱她，对她言听计从。妲己曾劝纣王为炮烙之刑，纣王暴虐无道，终于亡国。

汉元帝派画工画后宫美女，然后按图召幸。宫女们都贿赂画工。昭君王嫱，姿容动人，但不愿贿赂画工，画工就将她画得很丑。匈奴单于来汉朝求婚，元帝将王嫱许嫁单于。王嫱临走时前来辞别元帝，元帝见她光彩照人，悔恨不已，于是就把画工毛延寿等处死。

贵妃桃髻　公主梅妆

唐玄宗和杨贵妃在宫苑设宴作乐，此时正是桃花盛开的季节。唐玄宗亲自折一枝桃花插在贵妃的发髻上，说："此花亦能助娇态。"

南朝宋武帝的女儿寿阳公主，有一天，她躺卧在含章殿的屋檐下，梅花落在她的额头上，显得格外妩媚动人。于是，宫中女子纷纷仿效公主，称这种面饰为"梅花妆"。

吉了思汉　供奉忠唐

秦吉了是一种鸟，这种鸟耳聪心慧舌巧，人言无不通。有个夷人曾买一只回家，吉了说："我汉禽，不入夷地。"它因受惊吓而死。

因黄巢造反，唐昭宗逃到蜀地，随驾的有一只猴子，昭宗封它为供奉。后来，朱温篡位，让猴子在殿下起居，猴子看见朱温，就跑上去，朝朱温又跳又撞，朱温只得将它杀了。

卷　四

八　庚

萧收图籍　孔惜繁缨

秦朝末年，萧何跟随刘邦入关。秦王子婴来降，其他将领都去争抢贵重的财物，只有萧何去收集秦朝的律令图书。刘邦因而准确了解了天下的关隘，户口的多少，以及百姓所痛恨的事物。

春秋时，卫国人孙桓子率兵攻打齐国，被打败了。新筑大夫救了他，才使他幸免于难。卫君要把城邑赏给新筑大夫，他不要，只请求赏给他诸侯用的乐器和用繁缨装饰的马匹，卫君答应了他。孔子听到这件事后说："太可惜了，不如多给他城邑，器物和名号是不能随便给人的。"

卞庄刺虎　李白骑鲸

春秋时，鲁国的卞邑大夫卞庄子，特别勇敢，他曾经要去刺杀老虎，管竖子劝阻他说："两只老虎正在吃一头牛，牛肉鲜美，两虎必争斗；斗则小者亡，大者伤，那时再去刺虎，必定能一举两得。"卞庄子认为他的话很有道理，便等待时机成熟时再去刺虎，果真一举两得。

唐朝诗人李白，天才独绝，贺知章看了他的诗文后赞叹说："子谪仙人也。"李白死后，有人说他是骑鲸上天去了。

王戎支骨　李密陈情

晋朝人王戎，特别孝顺，家里遭受大丧，非常悲伤，人瘦得只剩下一副骨头架子了。

晋朝人李密，幼年丧父，母嫁他人，李密全靠祖母刘氏抚养。晋武帝想任命他为太子洗马。他为了照顾祖母，不愿赴任，就写了《陈情表》一文，文中写道："臣无祖母，无以至今日；祖母无臣，无以终余年。母孙二人，更相为命，是以区区，不能废远。"晋武帝看了他的表文，赞叹说："李密确实不是空有其名。"就下令褒奖他，并赐给奴婢二人照顾他的祖母，郡县也时常将精美的食物送给他祖母。

相如完璧　廉颇负荆

战国时赵国得到了楚国的和氏璧，秦昭王愿用十五座城池交换和氏璧。赵王派蔺相如奉璧入秦，秦国得到璧后，不愿将城池交给赵国。蔺相如知道后，就跟秦昭王说璧上有瑕疵，要指给秦王看。相如得璧后，就叫秦王斋戒五日，才将璧给他。相如暗中派随从将璧送回了赵国，自己待在秦国待命。秦王认为相如是位贤者，就将他礼送回国。

战国时，廉颇、蔺相如都在赵国做官，相如的地位比廉颇高，廉颇心里很不平衡，想羞辱相如。相如每次都称疾引避，人们都为相如感到难堪。相如对他的门客说："秦国之所以不敢侵犯赵国，是因为有我们两人在。我的所作所为，是把国家利益放在首位，将个人恩怨放在后面。"廉颇听说后，肉袒负荆，登门请罪，两人终于成了刎颈之交。

从龙介子　飞雁苏卿

晋文公回国后，赏赐曾经跟随他流亡的人，没有奖赏介子推。介子推就带着他的母亲到绵山隐居。晋文公派人请他下山，介子推不下山，晋文公就叫人放火烧山，介子推和母亲都被烧死了，人们称那座山为介山。

汉朝人苏武，字子卿，汉武帝派他出使匈奴，匈奴逼迫他投降，苏武坚强不屈，匈奴人将他流放到北海放羊，长达十九年。汉昭帝即位后，又派人出使匈奴。苏武的副手常惠夜里去见汉朝使者，要使者告诉匈奴单于，说汉朝天子在上林苑打猎，射落一只飞雁，雁足上系有帛书，知道苏武在某一个沼泽地中。单于听后，惊愕不已，就把苏武送回汉朝。

忠臣洪皓　义士田横

南宋时，洪皓出使金国，到了云中，金国人迫使他事奉伪齐皇帝刘豫。洪皓说："万里出使，不能奉徽、钦二帝南归，只恨不能将刘豫零刀碎剐，怎么能去追随他呢？愿受鼎镬之刑。"起初，金国人很生气，要杀死他，后来，佩服他是位忠臣，就将他流放到冷山，绍兴十二年才让他回国。

秦朝末年，田横自立为王。刘邦建立汉朝后，田横带着五百多人逃往海岛。汉高祖派使者招降他，田横带着两人同往洛阳，还没走三十里，就自杀了。跟他一起逃到海岛去的人听到这个消息后，也全都自杀了。田横羞于降汉而自杀，人们认为他是位义士。

李平鳞甲　荀变干城

诸葛亮兵出祁山伐魏，李平负责供应粮草。出兵后，遇雨，李平供应不上粮食。于是，急忙派人奉劝诸葛亮撤兵。当诸葛亮撤回国后，他却又假装惊奇地说："粮已备齐，为何撤军？"诸葛亮听了他的话，拿出李平的手书，说明他前后不一。又给蒋琬等人写信说："陈震曾经对我说：李平腹中有鳞甲(耍阴谋)，果真如此。"于是将李平放逐到梓潼郡，削职为民。

子思曾向卫侯推荐苟变，说他的才能能够指挥五百辆战车的军队。卫侯说："我知道他可以当将军，然而他曾白吃百姓两个鸡蛋，因此不能用。"子思说："明君用人，如匠人用木，取其所长，弃其所短。今各国纷争，君选爪牙之士，竟以两个鸡蛋弃干城之将，实不应该。"卫侯说："谨奉教。"

景文饮鸩　茅焦伏烹

宋明帝将王景文赐死。敕令到达的晚上，王景文正与客人下棋，看完敕令后，将它放在棋桌下。等到下完棋后，将棋子收入盒中，慢慢地说："奉敕赐死。"说着，将敕令拿给客人看，又举起鸩酒对客人说："此酒不可相劝。"说完仰饮而绝。

吕不韦与太后私通，担心被发觉，就将门客嫪毐伪装成宦官献给太后，与太后生了两个儿子。事发以后，秦始皇将嫪毐夷灭三族，迁太后于雍，为此事进谏者被处死了二十七人。茅焦前去劝谏，秦始皇要将他烹死，茅焦徐徐上前说："秦国正以统一天下为己任，而陛下车裂假父，杀死二弟，迁母于雍，残戮谏士，桀纣之行不过是。臣恐天下瓦解，没有人拥护秦国。"说完，解开衣服准备赴死，秦始皇走下金銮殿，拉着茅焦的手，拜他为上卿，亲自将太后接回。

许丞耳重　丁掾目盲

汉朝时，黄霸任颍川太守，长吏许丞年老耳聋。督邮请求罢他的官，黄霸说："许丞为官廉洁，虽然年老，还能拜起送迎，只是耳朵有点聋，这有什么关系。”

丁掾是东汉人，字正礼，曹操认为他是个奇才，要将女儿嫁给他。曹丕说：“正礼瞎了一只眼睛，恐怕您的爱女不会喜欢。”曹操责备曹丕说：“丁掾即使两只眼睛都瞎了，我也要将女儿嫁给他，何况他只瞎了一只眼睛呢？”

佣书德润　卖卜君平

东汉人阚泽，字德润。家贫好学，为人抄书，将书抄完后，他将所抄之书也读了一遍。他又精通天文历数，举孝廉，任钱塘长，后来官拜太子太傅。

汉朝人严遵，字君平。曾经在成都卖卜为生，每天能得到一百钱他就知足了，他闭户下帘，研读《易经》。有个叫罗冲的富人认为他是个贤者，要出钱资助他做官，他不同意，叹息说：“益我货者损我神，生我名者杀我身。”

马当王勃　牛渚袁宏

马当山在彭泽境内，离南昌七百里。唐朝诗人王勃，南下探望父亲，船行至马当时，梦见水神对他说：“将帮助你一帆风顺。”天亮时，船就抵达了南昌。刚好遇上都督阎伯屿重修滕王阁，在阁上大宴宾客，阎氏欲向客人们夸耀他女婿的文采，就让他前夜构思好文章。阎氏又请在场的宾客作文，没有人敢试。王勃年纪最小，欣然接受。阎氏非常生气，让人将王勃写的词句逐一报告。当听到“落霞与孤鹜齐飞，秋水共长天一色”时，不由赞叹说：“天才也！”

晋朝人袁宏，年轻时家里很穷，为人帮工，运送租谷到牛渚，中秋之夜，诵读所作的咏史诗。征西将军谢尚正在泛舟赏月，听到咏诗声，派人将袁宏请到船上，两人高谈阔论，通宵达旦。从此，袁宏的名气一天比一天大。

谭天邹衍　稽古桓荣

战国时期，邹衍听说燕昭王礼贤下士，就从梁国来到燕国，昭王让他住在碣石宫中，并拜他为师。燕国有一片谷地，美而寒，不生黍稷，邹衍吹奏乐器调节气候，黍就长出来了。邹衍尤其好谈天事，称为“谭天衍”。

东汉人桓荣，精通《尚书》。光武帝时，曾为太子授经。有一次，光武帝巡幸太学，认为桓荣学识渊博，谦逊礼让，赐给他带有篷盖的华丽马车，桓荣对太学的诸生说：“今日所蒙，稽古之力也，能不努力吗？”

岐曾贩饼　平得分羹

东汉人赵岐，为人诚实正直，因得罪京兆尹唐玹，被迫隐姓埋名，到外地贩卖胡饼。遇上孙嵩，孙嵩认为他不是个普通人，就问他：“饼是自己做的吗？”答：“贩来的。”又问：“买几钱？卖几钱？”赵岐说：“买三十，卖亦三十。”孙嵩就将他带回家，并向朝廷推荐，后来，赵岐官至太仆。

唐朝人郑平任户部员外郎，是宰相李林甫的女婿。一天，李林甫看见他须发斑白，对郑平说：“明天皇上会赐甘露羹，你若吃了它，白发就会变黑。”第二天，皇帝派宦官到李林甫家赐食，并将甘露羹给郑平吃了。过了一晚，郑平的须发都变黑了。

卧床逸少　升座延明

晋朝人王羲之，字逸少。郗鉴派门客到王导府上求婿，王导说：“往东厢任意选之。”门客回去告诉郗鉴说：王家的几个孩子都很不错，一个个端庄严肃。只有一个躺在东床上，袒腹露胸，吃着胡麻饼，若无其事的样子。郗鉴说：“他就是我的女婿。”此人就是王羲之。

南北朝人刘延明，年十四岁，拜博士郭瑀为师。郭氏有弟子五百多人，他有一个女儿，刚刚成年，想选一位佳婿，就另外设一个座席。郭氏对弟子们说：“吾有女，欲觅一快婿，谁坐此席，我就将女儿嫁给他。”刘延明听后，一撩衣服就坐了上去，说：“延明就是。”郭就将女儿嫁给了他。

王勃心织　贾逵舌耕

唐朝诗人王勃，六岁就会写文章，是“初唐四杰”之一。每到一处，人们都请他写文章，用金帛作为酬礼，人们说他是心织笔耕。他每次写文章时，先磨墨数升，然后蒙头大睡，再忽然起来，一气呵成。人们称他是打腹稿。

东汉人贾逵，以设馆授徒为业，前来求学的人不远千里，于是他积粟盈仓，有人说：“逵非力耕所得，诵经不倦，乃舌耕也。”

悬河郭子　缓颊郦生

晋朝人郭象，善于清谈。王衍说：“每听象语，如悬河泻水，久而不竭。”

汉王刘邦听说魏豹要造反，就对郦食其说：“你去帮我劝魏豹不要谋反，如果能成，我将封你为万户侯。”魏豹不听郦食其的劝告，刘邦就派韩信去攻打他，并在河东将他活捉。

书成凤尾　画龙点睛

南齐江夏王萧锋，从小就喜欢书法。齐高帝让他学凤尾诺，一学就会，高帝十分高兴，把玉麒麟作为奖品送给他，以示鼓励。

唐朝画家张僧繇，画技超群，他曾在金陵安乐寺壁上画了两条龙，但没有点上眼睛，人们问他为什么不点睛，他说："点了龙就会飞走。"人们认为他是狂妄，叫他点上睛。才给一条龙点睛，忽然就雷电破壁，这条龙腾空而去。未点睛的，还留在壁上。

功臣图阁　学士登瀛

唐太宗为了表彰开国功臣，叫阎立本将二十四位功臣的像画在凌烟阁上。他们是：长孙无忌、李孝恭、杜如晦、魏征、房玄龄、高士廉、尉迟恭、李靖、萧瑀、段志宁、刘弘基、屈突通、殷开山、柴绍、长孙顺德、张亮、侯君集、张公瑾、程知节、虞世南、刘政会、唐俭、李世勣、秦叔宝。

唐高祖认为李世民劳苦功高，封他为天策上将，开府置属。李世民就在宫西开馆，延揽四方名士，把杜如晦、房玄龄等十八人封为文学馆学士，人们称他们为"登瀛学士"。

卢携貌丑　卫玠神清

唐朝人卢携，相貌极丑，曾经将诗文给尚书韦宙看。韦宙的子弟嫌他貌丑，轻视并侮辱他，韦宙说："卢虽其貌不扬，观其文章，有首尾，异日必贵。"后来果真像韦宙说的，卢携成了富贵人。

晋朝人卫玠，眉清目秀，神情迷人，人们称他"璧人"。他的舅舅王武子赞叹说："珠玉在侧，觉我形秽。与玠游，若明珠之在侧，朗然照人。"

非熊再世　圆泽三生

唐朝诗人顾况，老年隐居茅山。他的儿子非熊忽然暴亡，他哀伤不已，并写诗道："老人丧爱子，日暮泪成血。老人年七十，不作多时别。"

非熊在阴间知道后，将实情告诉冥官，冥官很同情顾况，又叫非熊投生到顾况家里。

唐僧圆泽，跟李源交好，一起去峨眉游览，船停南浦时，看见一个妇女在汲水，圆泽对李源说："我当死，死后投生到此妇女家。后十三年中秋月夜，杭州天竺寺相见。"到了晚上，他果真死了。据说十三年后李源如期前往天竺寺，遇到一牧童，问他，果然知道圆泽生前的事。

安期东渡　潘岳西征

晋室东渡时，王安期跟众人一起逃难。途中道路艰险，人们都心怀畏惧，王安期处之泰然，毫无忧愁的表现。到了下邳后，登山北望，才感到了忧愁。

晋朝人潘岳，才名冠世，藻思如锦，曾作《西征赋》等赋，传诵一时。

志和耽钓　宗仪辍耕

唐代诗人张志和，唐肃宗时，曾任录事参军。父亲死后，不再出仕，往来江湖，自称"烟波钓徒"。他垂钓时不设鱼饵，志不在鱼，怡情山水而已。

宋朝人陶宗仪，至元年间，避难华亭，酷爱写作。他去耕作的时候，经常随身带着笔砚和一个瓮，来了灵感，有所心得，就记下来放到瓮里。久而久之，瓮就装满了，然后编成书，题曰《南村辍耕录》。

卫鞅行诈　羊祜推诚

战国时期，秦国派卫鞅攻打魏国，魏国派公子卬率兵抵抗。两军相拒，卫鞅写信给公子卬说："我想与公子联欢，现在各自成为了秦魏的将军，不忍相攻，可与公子面相见盟，乐饮而罢兵，以安秦魏。"公子信以为真，会盟饮酒时，卫鞅埋伏的卫士发动袭击，活捉了公子，秦军趁势打败魏军。

晋朝人羊祜，镇守襄阳时，发动百姓开荒种地，并且关心体恤将士。平时，自身俭朴，从不披甲。跟吴将陆抗互通使节，非常友好。由于羊祜对人以诚相待，所以他死时，当地百姓都停止做生意，大声嚎哭，以表衷心。

林宗倾粥　文季争羹

东汉人郭林宗，曾经到陈地讲学，有个叫魏德公的小孩子要求做他的侍从。有一次，林宗生病，半夜叫德公煮粥。粥煮好后，林宗喝了，就大声责备德公说："你为长者做粥，内中有沙，不可食！"说完将碗摔在地上，一连三次，德公都不因主人无礼而生气，仍然面带笑容。林宗说："原来只看见了你的面，今天却了解了你的心。"于是，对他倾心相教。

齐高帝曾在宫中置酒为乐，羹脍端上来后，崔祖思说："此味为南北所推。"侍中沈文季说："羹脍吴食，非祖思可解。"祖思说："炮鳖脍鲤，似非勾吴之诗。"文季说："千里莼羹，岂关鲁卫？"高帝听了他们的辩论后，高兴地说："莼羹故应还沈。"

茂贞苛税　阳城缓征

唐朝时，李茂贞任凤翔节度使，实行苛重的赋税，并且严禁将松木挑到城里去卖，担心人们以木代油而减少了油税。当时有人讽刺挖苦说："臣请并禁月明。"

唐朝人阳城任道州刺史时，治民如治家。州里的赋税无法交清时，他允许缓征。他的上司多次责备他，他自己考评政绩说："抚字心劳，催科政拙，考下下。"后来，上级又派人来催征，他就带着老婆孩子逃走了。

北山学士　南郭先生

宋朝人徐大正，参加省试时，路过子陵钓台，写诗道："光武初征血战回，故人长短尚论材。中兴若起唐虞业，未必先生恋钓台。"苏轼见了他题的诗，认为他很有文才，就与他交友。后来，徐大正在北山之下筑室隐居。

宋朝人雍存，隐居不仕，以文史自娱，他住在城南，人称南郭先生。

文人鹏举　名士道衡

北魏人温子升，字鹏举，博学多才。济阴王晖业评价他说："江左文人，宋有颜延之、谢灵运，梁有沈约、任昉，我朝子升足以凌颜轹谢，含任吐沈。"

北朝人薛道衡，曾出使南朝，写过《人日》诗，前两句是"入春才七日，离家已二年"。南朝人讥笑说："这是什么诗，谁说此人能作诗？"当听到后两句"人归落雁后，思发在花前"时，南朝人才高兴地说："果然名不虚传。"

灌园陈定　为圃苏卿

陈定被楚王聘为宰相，陈定高兴地对妻子说："今日为相，明日结驷连骑，食则佳肴满桌。"妻子说："结驷连骑，所安不过容膝；佳肴满桌，所甘不过一腹之饱。今以容膝之安，一腹之饱，而怀楚国之忧，恐先生不保命也。"于是夫妻逃走，为人灌园。

宋朝人苏云卿，宋高宗绍兴年间，隐居豫章东湖。平时，穿布衣草鞋，整年都这样，开荒种菜自给，有余则救济穷人，故曰"为圃苏卿"。

融赋沧海　祖咏彭城

南北朝人张融，曾作《海赋》，赋中写道："穷区没渚，万里藏岸。湍转则日月似惊，浪动则星河若覆。"写出了大海汹涌澎湃的气势。

北魏人祖莹，才思敏捷。有一次聚会，他以彭城为题，即席赋诗道："悲彭城，楚歌四面起。尸积石梁亭，血流淮水里。"座中人听了都赞叹不已。

温公万卷　沈约四声

宋朝人司马光，又名司马温公，他藏书甚丰，有文史书籍万余册，日夜阅读。他对其弟子说："商人藏货贝，我独爱书耳。"他的书读了几十年，仍然是洁净如新，好像没碰过一样。

南朝人沈约，曾撰写《四声韵谱》。梁武帝看见这本书后，问周舍说："何谓四声？"周舍回答说："天子圣哲(这四个字刚好是平、上、去、入四声)是也。"

许询胜具　谢客游情

晋朝人许询，身体健康，喜欢游山玩水，人们说："许询非徒有胜情，实有济胜之具。"

南朝人谢灵运，喜欢游览名山胜迹。他登山的时候，常穿木屐，上山时把木屐的前齿去掉，下山时则去掉后齿。有一次，他从始宁南山伐木开道，直到临海，跟他去的有几百人。临海太守王琇十分惊骇，以为是山贼来了，知道是谢灵运后才安心。

不齐宰单　子推相荆

鲁国人宓不齐，任单父宰。单父有贤者五人，宓不齐向他们请教治政之道，因而能够身不下堂，鸣琴而治。不久，巫马期任单父宰，日夜操劳，事必躬亲，也将单父治理好了。巫马期问宓不齐为什么能够做到垂拱而治，不齐说："吾任人，子任力，任人者安逸，任力者劳累，虽治犹未至也。"

楚国宰相介子推，任职十五年，楚国大治。孔子听说后，派人查询，那人向孔子报告说："廊下有二十五俊士，堂上有二十五老人。"孔子说："合二十五人之智，比汤武还聪明；并二十五人之力，比彭祖力大。以此治国，能不成功吗？"

仲淹复姓　潘阆藏名

范仲淹两岁时父亲就去世了，随母亲改嫁长山朱氏，因而改姓朱。大中祥符年间，范仲淹考中进士，又改回本姓。

宋朝人潘阆，自号逍遥子，喜欢作诗。因得罪政敌，避居潜山山谷寺，他在钟楼上题诗道："顽童趁暖贪春睡，忘却登楼打晓钟。"孙仅见了此诗说："这是逍遥子写的。"就叫和尚去找他，潘阆已经逃走了。

烹茶秀实　漉酒渊明

五代人陶谷，字秀实，幼有俊才，后周时任翰林学士。他曾买得党太尉家妓，叫她用雪水烹煮团茶，并问："党太尉家有这风味吗？"妓回答说："党太尉粗人，但知销金帐内浅斟低唱，饮羔羊美酒耳。"

诗人陶渊明，喜欢饮酒，如有客人来访，他总设酒款待。如果他先喝醉了，就对客人说："我醉了想睡觉，你暂且回去。"有一次，到邻家赴宴，酒中有渣滓，他马上脱下头巾过滤，滤过后，就把头巾戴上。

善酿白堕　纵饮公荣

晋朝人刘白堕，很会酿酒。六月天的时候用罂装酒，放在太阳下暴晒十天，其味不变。喝了这种酒，如果醉了，一个月不会醒过来。青州刺史毛鸿宾带酒一罂，途中遇到强盗，就把这罂酒打开让他们喝，结果这些强盗全醉了，都被抓了起来。当时人说："不畏张公拔刀，惟畏白堕春醪。"

晋朝人刘公荣嗜酒，不管什么人，他都跟他们喝，他曾说："胜公荣者，不可不与饮；不如公荣者，亦不可不与饮；是公荣辈者，又不可不与饮。"

仪狄造酒　德裕调羹

帝女令仪狄酿酒献给大禹，大禹喝了这种酒，感觉很甜美，就说："后世必有以酒亡国者。"于是疏远了仪狄，并不再喝酒。

唐朝宰相李德裕，他肆意挥霍，讲究饮食。他不饮京城之水，派专人到无锡取惠山的泉水，他每饮一羹，需花费三万钱。

印屏王氏　前席贾生

唐玄宗所宠爱的美人王氏，好几次做梦有人叫她饮酒，她告诉玄宗，玄宗说："这一定是道士所为，如果再去，做个标记。"这天晚上，王氏又梦见有人招她去饮酒，她在砚中将手弄湿印在屏风上。她醒来后，报告皇上，皇上叫人搜索，果然在东明观中看见了王氏手印，才知道是道士搞的鬼。

汉代贾谊，年少多才。文帝时，曾任大中大夫，当时老臣周勃、灌婴嫉妒他、诋毁他，被贬为长沙王太傅。后来，文帝忽然想起他，又把他召回朝廷，问他鬼神的事。贾谊讲得活灵活现，文帝听得入神，不觉朝前移动身子。

九 青

经传御史　偈赠提刑

谁是《三字经》的作者，曾经众说纷纭。等到熊氏所藏大板《三字经》出现，里面有明代梁应井作图，聊城傅光宅侍御史作序，才知道是明朝人所著。

宋朝人郭公甫任提刑，有一天，他到舒州白云山海会寺游览。该寺方丈赠给他佛经中的唱词："上大人，邱乙已，化三千，七十士。尔小生，八九子，佳作仁，可知礼。"

士安正字　次仲谈经

唐朝人刘晏，字士安，才智过人。唐玄宗封泰山时，八岁的刘晏到竹宫献颂，玄宗听后大加赞赏，任命他为太子正字。有一次，唐玄宗笑着问道："卿作正字，正得几字？"刘晏答道："天下字皆正，惟朋字未正。"意思是劝玄宗惩治朋党。

汉朝人戴次仲，精通《易经》。建武年间，正月初一朝贺，光武帝叫群臣说经，许多臣子说不出来，就将座位让给通经的人。结果，次仲共得五十余席，因此京城的人说："说经不尽戴侍中。"

咸遵祖腊　宽识天星

陈咸，汉元帝时任尚书。王莽篡权后，他告老返乡，闭门不出，祭祀时仍然用汉家祖腊。人们问他为什么祭祀时还按汉朝的规矩，他说：“我祖宗只知汉家规矩，岂知有王家？”

汉武帝祀甘泉至渭桥，看见有个女子在渭水中洗澡，乳长七尺，武帝感到很奇怪，便问她。这女子说：“帝后第七车侍中知我来由。”这侍中名叫张宽，确在第七车。问他，则说：“这是天星中主祭祀者，斋戒不严，则女星出现。”

景焕垂戒　班固勒铭

宋朝人景焕，著有《野人闲语》一书，记载后蜀孟昶立戒石碑的事，文中写道：“尔俸尔禄，民脂民膏；下民易虐，上苍难欺。”

汉和帝永元初年，窦宪、耿秉率领一万多精锐骑兵与匈奴单于战于稽落山，汉军大败匈奴，出塞三千余里，登上燕然山。命令中护军班固刻石勒功，记述汉之威德，然后班师回朝。

能诗杜甫　嗜酒刘伶

杜甫博览群书，善为诗歌，其诗千态万状，忧伤时事，世称“诗史”。有一个人生了病，杜甫对他说：“诵读我的诗，可以治好你的病。”那人就朗诵“子璋髑髅血模糊，手持掷还崔大夫”两句，病果然就好了。

晋朝人刘伶，嗜酒成性。他曾经乘坐鹿车，带着酒，让人背着锸跟在后面，刘伶说：“我死了就把我埋掉。”妻子劝他戒酒，他对神盟誓说一定戒掉，妻子就准备了酒肉，刘伶跪在地上祝道：“天生刘伶，以酒为名。一饮一石，五斗解酲。妇人之言，慎不可听。”说完就饮酒吃肉，陶然入醉。

张绰剪蝶　车胤囊萤

唐朝人张绰，咸通初年中进士，有道术，爱喝酒下棋，来了兴致就剪二三十枚蝴蝶，用嘴一吹，蝴蝶就成对而飞，不久又落到手中。

晋朝人车胤，家贫笃学。夏天读书时，因家中无灯烛照明，便捉来萤火虫放入丝布之囊，用萤光照明读书。

鸜鹆学语 鹦鹉诵经

东晋时，桓豁镇守荆州，他手下有个军官将鸜鹆的舌头剪掉，让他学说人话。一天，桓豁大宴宾客，令鸜鹆学客人说话，都学得很像。有位客人患有鼻疾，说的话很难学，鸜鹆就把头伸进瓮中学他说话，结果惟妙惟肖。

《法苑珠林》上记载：东都有人养了一只鹦鹉，很有灵气，那人将鹦鹉送给了庙里的和尚。和尚教它念经，它一学就会，它常站在架子上不言不动，问它是什么原因，它说："身心俱不动，为求无上道。"

十　蒸

公远玩月 法善观灯

唐人罗公远有道术，有一年中秋的夜晚，他陪唐玄宗赏月。为了让唐玄宗到月宫中去，他施道术，掷杖为桥，带着唐玄宗到月宫，看见几十个穿着素衣的美女，在桂树下跳舞，公远说："这是《霓裳羽衣曲》。"玄宗记诵下来，回去后叫梨园仿制这曲子。

唐玄宗开元十八年正月十五日，玄宗问法善说："今日何处最丽？"法善回答说："广陵最丽。"因此，法善就变化出一座虹桥到广陵观灯。广陵就是现在的扬州。

燕投张说　凤集徐陵

唐朝人张说，官至中书令，封为燕国公。他母亲怀他时，曾梦见玉燕投怀，后来就生了张说。张说年轻时夜读，常将枯树枝收集起来，焚光读书，遂至成名。朝廷的重要文告，多出其手，人称大手笔。

南北朝人徐陵，他母亲怀他时，梦见五色云彩化为凤凰聚集在她的左肩，不久就生下徐陵。他八岁能文，十三岁通《老子》、《庄子》，宝志公曾抚摸着他的头顶说："这是天上石麒麟。"

献之书练　夏竦题绫

晋朝人羊欣，小小年纪就擅长写隶书。王献之非常喜欢他，有一年夏天，献之到羊家，看见羊欣穿着新的练裙午睡，就在他的裙上写了几幅字，羊欣得到王献之的传授后，书法日益长进。

宋朝人夏竦，能诗善文，有个老太监以吴绫手巾向他乞诗。夏竦题道："殿上衮衣明日月，砚中旗影动龙蛇。纵横礼乐三千字，独对丹墀日未斜。"

安石执拗　味道模棱

宋仁宗时，王安石上书主张变法。宋神宗时，他任参知政事，力行新法，虽遭保守派的反对和抵制，但他坚定不移，执意不悔，人们称他为"拗相公"。

唐人苏味道，武则天时曾任宰相。前后在位数年，没有什么建树，遇事和稀泥，他曾对人说："决事不欲明白，误则有悔，模棱持两端可也。"当时人称他"模棱手"。

韩仇良复 汉纪备存

张良是韩国的贵族子弟，他的祖先五代都是韩国的相国。秦国灭掉韩国以后，张良去见沧海君，不惜破产招募力士，后在博浪沙椎击秦始皇，可惜未中，秦始皇搜索了十天才罢休。秦末刘邦起兵，张良为谋士，助刘邦攻入咸阳，灭掉秦朝。

东汉刘备，是西汉中山靖王刘胜的后裔。他曾奉汉献帝的密诏讨伐曹操，没有成功。曹丕篡汉建魏，刘备在四川建立蜀汉政权，延续了汉的正统。

存鲁端木 救赵信陵

春秋时，齐国军队攻打鲁国，孔子叫他的弟子端木赐拯救鲁国。端木赐劝说越国和鲁国联合，在艾陵跟齐军鏖战，打败齐军，保全了鲁国。

战国时期，秦国围攻赵国，赵国向魏国求援，但魏将晋鄙不愿救赵。魏公子信陵君无忌用侯生之计，让如姬到赵王卧室内盗得兵符，命力士朱亥椎杀晋鄙，夺得兵权，帮助赵国击退了秦军。

邵雍识乱 陵母知兴

宋朝人邵雍，曾到洛阳与友人在天津桥上漫步，听见杜鹃啼叫，忧虑地说："天下将治，地气自北而南；将乱，地气自南而北。禽鸟得气之先。洛阳从无此鸟，今有之，是地气自南而北也。国家从此多事也。"

秦末刘邦起兵，王陵带领部属投奔刘邦。项羽抓住他的母亲以招降王陵，王陵母亲对使者说："你告诉王陵：好好跟随汉王，汉王是位长者，终究会得到天下，不要因为我的缘故而有二心。"说完，他的母亲就伏剑而死。

十一 尤

琴高赤鲤 李耳青牛

《列仙传》上记载：琴高是赵国人，因善弹琴而成为宋康王的门客。后辞职入涿水去抓龙子，他跟弟子们约定：“你们沐浴斋戒后在河边等候。”不久，他果然乘着赤鲤浮出水面，引得上万人观看，过了一个多月，又入水中去了。

李耳就是老子，博古通今，曾为周守藏史，后为柱下史。周朝衰落的时候，他骑着青牛西出函谷关，关吏尹喜认出他是老子，求其术。老子就把自己写的《道德经》给了他，后渡流沙离去。

明皇羯鼓 炀帝龙舟

唐明皇喜欢听羯鼓不喜欢听琴，有次宫人奏琴，唐明皇还没听完，就大声叱骂道：“快拿羯鼓来，为我解秽。”

隋炀帝大业元年八月，隋炀帝乘龙舟游幸江都，随从甚众，船队绵延两百多里，场面甚为壮观，只是这一去就再也没能回长安了。

羲叔正夏 宋玉悲秋

尧为了制定历法，命羲叔观察记录夏季的情况。羲叔驻南方交趾之地，凡是夏季万物生长的情况他都详细记录下来，并测出夏季日影的长短，确定了夏至日。所以谓羲叔正夏。

宋玉是屈原的弟子，屈原遭流放，他写了《九辩》来表达对屈原的同情，文中写道：“悲哉秋之为气也！萧索兮草木摇落而变衰。”

才压元白　气吞曹刘

唐人杨嗣复两榜高中，欣喜异常，在新昌里第大宴宾客。元稹、白居易也来了。席间，宾客即席赋诗。杨汝士最后成诗，诗最佳，诗句是："文章旧价留鸾掖，桃李新阴在鲤庭。"回家后，杨汝士对人说："我今日压倒元、白。"

唐朝诗人元稹说："杜子美诗上薄风骚，下该屈宋，志夺苏李，气吞曹（曹植）刘（刘桢），掩颜谢之孤标，杂徐庾之纤丽，诗人以来，未有如子美者。"

信擒梦泽　翻徙交州

西汉初年，韩信被封为楚王，有人告他谋反，高祖用陈平计谋，托游云梦。韩信迎接他，高祖命武士把他抓起来，用车子运回京城。韩信感到非常冤屈，他感叹地说："果如人言：狡兔死，走狗烹；飞鸟尽，良弓藏；敌国破，谋臣亡。天下已定，臣固当烹！"到洛阳之后，高祖赦免了他，贬为淮阴侯。

虞翻任孙权的骑都尉，为人疏放正直，惹怒了孙权，被流放交州。他曾上书自白道："自恨疏节，骨体不媚，犯上获罪，当长没海隅。"他才识卓绝，虽处异地，仍讲学不怠。

曹参辅汉　周勃安刘

汉朝人曹参，因功被封为平阳侯。汉惠帝时，丞相萧何去世，曹参接任丞相。上任以后，一切按萧何定的规矩办事，故世人称"萧规曹随"。

汉人周勃，被封为绛侯，为人质朴，少有文彩，但善于处理大事，汉高祖与吕后议论将相时曾说："曹参可代萧何。王陵戆，陈平可以佐之。然安刘者，必勃也。”刘邦死后，吕后乱政，周勃持节入北军下令说：“为吕氏者右袒，为刘氏者左袒。”军中皆左袒，就将吕家子侄全部捕杀，汉室以安。

太初日月　季野春秋

夏侯玄是东汉末年人，字太初，年轻时就很出名，为人清净温和，人们称赞他说：“夏侯太初朗朗如日月之入怀。”

晋朝人褚季野，少有盛名，桓彝曾说：“褚季野有皮里春秋。”是说他表面上不喜评论是非，心里却爱憎分明。

公超成市　长孺为楼

汉朝人张公超，学识渊博，精通《春秋》和《尚书》，人们都很仰慕他，前来求学的人山人海，车马填街。

宋朝人孙长孺，十分好学，又喜欢藏书，家中经史百家各类书都很齐备，他建楼藏书，人们称他为“书楼孙氏”。

楚邱始壮　田豫乞休

楚邱去见孟尝君，孟尝君说：“先生年纪这么大了，准备怎么教我？”楚邱说：“如果让我投石头跟人比远，追赶奔驰的车马，那我真的老了。但是，如果叫我帮你出谋划策，释疑解难，那我还是个壮年人。怎么能算老呢？”

田豫是三国时魏国的卫尉，他要求退休，司马懿不同意，田豫上书说：“年过七十而居位，犹钟鸣漏尽而夜行不休，是罪人也。”于是假托自己有病而离职回家。

向长损益　韩愈斗牛

汉朝人向长隐居不仕，他曾读《易经》，当读到损卦、益卦时，叹息说："我已知富不如贫，贵不如贱，但不知死生损益如何。"于是把子女婚嫁的事情办好后，就游览五岳名山去了，不知所终。

韩愈曾因多次上书进谏而被贬，仕途坎坷，颠沛流离，感慨万千。他曾作《三星行》道："我生之初，日宿南斗。牛奋其角，箕张其口。牛不见服箱，斗不挹酒浆。箕独有神灵，无时停簸扬。"

琎除酿部　玄拜隐侯

唐朝人李琎，封汝阳王，曾经将云梦石甃泛春渠以蓄酒，作金银鱼龟浮沉其中，作为量酒的器皿，自称酿王兼曲部尚书。

汉代人王玄隐居侯山，汉景帝两次征召他做官，他都不答应。景帝只好就山封侯，因名侯山。宋之问在诗中写道："王玄拜隐侯。"

公孙东阁　庞统南州

汉朝人公孙弘，家贫，靠养猪为生。四十多岁才开始学习《春秋》、杂说。汉武帝元朔年间任丞相，开设东阁，延请贤者帮他献计献策。

庞统是东汉末年人，字士元，司马徽称他为南州士之冠冕。刘备曾任他为耒阳令，因无政绩，被免官。鲁肃写信给刘备说："庞士元非百里之才，使处治中、别驾之任，始得展其骥足耳。"于是任他为治中从事，跟随刘备入蜀时，为流矢所中而死。

袁耽掷帽　仁杰携裘

桓温年轻时喜欢赌博。有一次，他输得很惨，负债累累，就去向袁耽求救。当时，袁耽还是服丧期间，就连连答应，他换了衣帽，跟桓温同去赌场。袁耽善赌，桓温的债主不认识他，于是就跟他赌起来。第一局袁耽就赢了十万，一直赢到一百万。袁耽把布帽扔在地上，大声说:“你们今天知道袁耽的厉害了吧?”

武则天将集翠裘赐给张昌宗,又叫狄仁杰跟张昌宗赌此裘。狄仁杰指着自己身上穿的紫纯袍说:“臣以此相敌。”结果,张昌宗每一局都输了,狄仁杰就带着裘衣拜恩而出。

子将月旦　安国阳秋

东汉许绍,字子将,喜欢品评人物,每月评议一次,故曰“月旦评”。他曾评价曹操说:“公治世之能臣,乱世之奸雄。”

孙盛,字安国,晋朝人。他一生手不释卷,著有《晋阳秋》一书,世称良史。

德舆西掖　庾亮南楼

唐朝人权德舆,唐德宗时知制诰,在西掖共八年,风流蕴藉,为士大夫所景仰。后隐居练湖,怡情山水,每遇一胜景,得一佳句,便如获珍宝。

晋朝人庾亮镇守武昌。秋夜,气佳景清,庾亮与殷浩、王胡之等人登南楼吟诗,通宵达旦。

梁吟傀儡　庄梦髑髅

唐朝人梁锽曾作《傀儡吟》,诗中写道:“刻木牵线作老翁,鸡皮鹤发与真同。须臾弄罢寂无事,还似人生一梦中。”

庄子到楚国去,途中看见一空髑髅,他便用马鞭敲它,并问道:“每人都喜欢活着,你为何成了这模样?是不是因为国家灭亡而被杀死?”说完,就枕着髑髅睡觉。到了半夜,梦见髑髅对他说:“子所言皆生人之累也,死则无此。无君于上,无臣于下,亦无四时之事,从然以天地为春秋，虽南面王乐不能过也。”

孟称清发　殷号风流

唐代诗人孟浩然，曾写过这样两句诗：“微云淡河汉，疏雨滴梧桐。”人们称它清新淡雅，堪称绝唱。

晋朝人殷浩，识度清远，弱冠有盛名，喜欢读《老子》、《易经》，成了风雅之士所推崇的人。

见讥子敬　犯忌杨修

王献之，字子敬，小时看父亲的门生玩一种赌博游戏，他说：“南风不竞。”门生说：“此郎于管中窥豹，只见一斑。”王献之很生气，拂袖而去。

杨修博学多才，任曹操主簿，跟着曹操过江，读曹娥碑，碑上有八字：“黄绢幼妇外孙齑臼。”曹操不解，问杨修：“你懂吗？”杨修回答说：“懂。”曹操说：“你先别说，让我想一想。”走了三十里，曹操才领悟。才叫杨修解释。杨修说：“答案是‘绝妙好辞’。”曹操说：“正合我意。”从此曹操非常嫉妒杨修的才华，终于找借口杀了杨修。

荀息累卵　王基载舟

春秋时，晋灵公造九层台，三年不成，劳民伤财。大臣荀息说：“我能垒十二棋子，再在上面放九颗蛋。”晋灵公说：“太危险了！”荀息说：“不危险。公造九层台，三年不成，使得男不耕，女不织，难道不比这危险吗？”灵公醒悟，就停工不造了。

魏文帝曹丕大兴土木，王基上书说：“古人以水喻民，水能载舟，亦能覆舟。今事役劳苦，男女离旷，愿陛下留意水舟之喻。”

沙鸥可狎　蕉鹿难求

《列子》上记载说：从前有个人每天到海滩上去跟鸥鸟嬉戏，这些鸟一点也不怕他。他的父亲对他说：听说你与鸥鸟玩得很好，明天抓几只来。次日，他又去那地方，鸥鸟只是在空中盘旋，一只都不下来。

《列子》上写道：有个郑国人在野外打柴时，遇到一只受惊的鹿，就将它打死，藏在蕉叶下。但是，过后忘了藏鹿的地方，以为自己是在做梦。就对别人讲起这件事，听的人按照他说的，找到了那只鹿，砍柴人告到官府，官府判二人将鹿平分。

黄联池上　杨咏楼头

宋朝人黄镒七岁还不能说话，他的祖父很疼爱他，遇到什么东西就教他。有一天，他的祖父带他到池边，对他说："水马池中走。"黄镒忽然对答说："游鱼波上浮。"从此黄镒就会说话了。

宋朝人杨亿，几岁了还不能说话。有一天，家里人抱着他上楼，不慎碰痛了他的头，他竟随口吟道："危楼高百尺，手可摘星辰。不敢高声语，恐惊天上人。"

曹兵迅速　李使迟留

因为江陵有粮草物资，曹操怕被刘备占据，就率领三千精骑急忙追赶，一天一夜行军三百多里，在长坂把刘备打败。

东汉人李郃，任府吏。窦宪纳妾，人们都送礼庆贺。汉中太守也想派人前往贺喜，李郃说："窦将军恃宠骄纵，危在旦夕，幸勿与交。"太守不听，李郃就主动请求让他去，途中故意迟留，到扶风时窦宪已失败。凡与他交往的都被免官，只有汉中太守幸免。

孔明流马　田单火牛

蜀汉后主建兴九年，诸葛亮再次兵出祁山，用木牛运粮，打退了敌军。建兴十二年春，诸葛亮又率大军由斜谷出击，用流马运粮，占据五丈原，与司马懿对峙于渭南。

战国时期，燕国攻打齐国，占领了齐国的大片土地，只有莒、即墨没被攻陷。即墨人因为田单有智谋，立他为将军。田单用火牛阵大败燕军，收复了七十余座城池，并将齐襄王迎到莒而立之，田单被封为平安君。

五侯奇膳　九婢珍馐

楼护是西汉末年人。当时，王氏五侯钩心斗角，五家的门客也不准往来，只有楼护因为能言善辩，成为五侯家的座上宾。每天，五侯都把佳肴美食送给他，他就把它们合以为鲭，世人称为“五侯鲭”。

唐朝人段文昌，精通烹饪，家里的厨房叫“炼珍堂”。他的烹调方法，只有九位奴婢掌握了。

光安耕钓　方慕巢由

东汉人严光，字子陵，小时候跟刘秀是同学，常垂钓泽中。刘秀定天下后，请他出山做官，使者请了三次，他才出山。不久，他就辞职回到富春江边垂钓。

西汉人薛方，节操清高。王莽派安车迎接他进京，他辞谢说：“尧舜在上，下有许由、巢父。今明王方隆唐虞之德，小臣欲守箕山之节。”王莽听后非常赞赏，不再强迫他。

适嵇命驾　访戴操舟

晋朝时，吕安和嵇康友善，当想念他时，总驾车探访。有一次，吕安去拜访嵇康，嵇康不在家，他的哥哥接待吕安，吕安在嵇康的门上写了个“凤”字就离开了。嵇康回来后，他的哥哥指着吕安写在门上的字说：“凤，凡鸟也。”

晋朝人王徽之，曾任桓冲参军。他居山阴时，忽然想起朋友戴安道，就乘小舟到剡溪探访他。第二天早晨到了他的门口，却没进去，就坐舟返回。随同他前往的人问是什么原因，他说：“乘兴而来，兴尽而返，何必见戴？”

篆推史籀　隶善钟繇

据《书断》记载：古文是黄帝的史官苍颉所造；大篆是周宣王的太史籀所作。

三国时期书法家钟繇，擅长写隶书，是秦汉以来最著名的书法家。

邵瓜五色　李橘千头

秦朝人邵平，封东陵侯。秦朝灭亡后，成为普通百姓，住在长安城东种瓜，他种的瓜有五色，非常好看，人们称为“东陵瓜”。

东汉人李衡，曾任丹阳太守，每当他想置办家业时，妻子就不许。李衡就派人在龙阳秘密建了住宅，并种下橘子。临死的时候，他对儿子说：“我在洲上有木奴(橘子)千头，每年可得绢千匹，足够你用了。”

芳留玉带　琳卜金瓯

明朝人李春芳，年少时在崇明寺读书，曾写诗言志：“年年山寺听鸣钟，匹马长途忆远公，异日定须留玉带，题诗未可着纱笼。”后来，他考中进士，将玉带留在寺中，存放玉带的楼被称为“玉带楼”。

唐玄宗想拜崔琳为宰相，就把崔琳的名字写好，用金瓯盖住，叫太子猜，太子说：“大概是崔琳、卢从愿吧？”玄宗说：“是的。”

孙阳识马　丙吉问牛

孙阳就是伯乐，善于相马。他过虞坂时，见到有一匹良马伏在盐车下面，伯乐下车为其哭泣。于是，良马俯而喷，仰而鸣，声音十分洪亮，因为伯乐能够了解它。

汉朝人丙吉，汉宣帝时任丞相，他性情温和，待人宽厚谦让。有次出门，遇一群人斗殴，他不闻不问。但听到路边有牛的喘息声，却走过去问赶牛的人行了多少路了。有人讥笑他问牛不问人，他却说：“斗殴是地方政府应该管理的事。今方春未热，恐牛以暑致喘，是时气失调，这是宰相的职责。”

盖忘苏隙　聂报严仇

东汉人盖勋，敦煌人。刺史梁鹄要杀苏正和，征求盖勋的意见。盖勋和苏正和有仇，有人劝盖勋趁此机会报仇，盖勋却说：“趁人之危，不仁。”并劝梁鹄不要杀苏正和。

春秋时，严仲子与韩相侠累有仇，他听说聂政很勇猛，就送黄金百镒为聂母祝寿，请聂政刺杀侠累。聂政因为母亲健在，没答应。等到母亲死后，聂政独自一人刺杀了侠累，然后毁容自杀。

公艺百忍　孙昉四休

唐朝人张公艺，九代同堂。唐高宗封泰山回朝，顺便到了他的家，问他九代同堂，和睦相处的秘密。张公艺拿来纸笔，写了一百多个“忍”字给高宗看，高宗认为很有道理，就赏赐他缣帛百匹。

北宋太医孙昉，自称“四休居士”。黄庭坚问他为什么这么称呼，他说：“粗茶淡饭饱即休，补破遮寒暖即休，三平二满过即休，不贪不妒老即休。”黄庭坚说：“此是安乐之法。”

钱塘驿邸　燕子楼头

北宋初年，陶穀出使南唐，在钱塘驿过夜。韩熙载叫歌女秦弱兰假称驿吏女，侍候陶穀，果然得到他的欢心。秦弱兰向他求词，陶穀写《风光好》赠给她。诗云：“好姻缘，恶姻缘，奈何天，只得邮亭一夜眠，别神仙。琵琶拨尽相思调，知音少，再得鸾胶续断弦，是何年？”南唐后主李煜设宴招待他，命妓歌此诗，陶穀非常失意，当天就回去了。

唐朝时，张建封镇守徐州，宠爱舞妓关盼盼。张建封死后，盼盼决意不嫁，住燕子楼，作《燕子楼诗》三百首，白居易为她的诗集写序。

十二　侵

苏耽橘井　董奉杏林

南北朝人苏耽，极其孝顺母亲。他将成仙的时候，预知两年后家乡将会瘟疫流行，就种橘挖井，对母亲说：“食橘一瓣，饮水一盏，病可自愈。”两年后，真的发生了大瘟疫，他母亲就按他说的方法来给人治病，结果全都治愈了。

晋朝人董奉隐居庐山，有道术，为人治病不收钱。只叫病人种杏，病重的种五棵，病轻的种一棵，数年成林。杏成熟时卖了换取米谷，将所得米谷赈济穷人或过路之人。

汉宣读令　夏禹惜阴

汉宣帝时，魏相奏请四位知阴阳的人，各主管一个季节，明确地讲出他在这方面所知道的，来调和阴阳，就像汉高祖时派谒者赵尧、李舜、倪阳、贡禹分别主管春夏秋冬一样，汉宣帝听从了他的意见。

大禹曾叫人爱惜时光。陶侃守荆州时，对人说："大禹圣人，乃惜寸阴，至于吾等，尤当惜分阴。岂可逸游荒醉，生无益于时，死无闻于后，这是自暴自弃。"

蒙恬造笔　太昊制琴

秦国的蒙恬，最早制作毛笔，用枯木为管，鹿尾为柱，羊毛为被，不像今天的毛笔，是用兔毫竹管制成的。韩愈的《毛颖传》似乎有误。

传说琴是太昊制作的。他用桐木做琴身，用丝做琴弦，共二十七根弦，以通神明之贶，合天人之和。于是，音乐开始兴盛起来。

敬微谢馈　明善辞金

南朝人宗敬微，带着《老子》、《庄子》隐居庐山。江州太守萧子响送他许多礼物，敬微辞谢说："我远来至此，量腹而进松籽，度形而衣薜萝，已感到心满意足，怎么能受此横财？"

元朝人元明善曾以副使的身份跟随蒙古人出使交趾，完成使命回国时，交趾国的国王将金赠送给他们，蒙古人接受了，而明善却不接受。交趾国王说："正使已经接受了，你为什么坚持不受呢？"明善说："他所以接受，安小国之心；我所以不受，全大国之体。"

睢阳嚼齿　金藏披心

安史之乱时，叛将尹子奇攻打睢阳，张巡守睢阳，多次打退敌人的进攻，每次作战时，他都大声呼喊，牙齿都咬碎了。张巡死后，尹子奇看到张巡的牙齿只剩下三四颗了。

武则天当权时，有人诬陷太子谋反，武则天叫来俊臣审问。安金藏大呼："太子没有谋反，你如果不信，我请剖心明之。"就拔出佩剑自剖其腹，五脏皆出。武后叫人将他抬进宫，敷上药，过了一天一夜才苏醒过来。太子因此才没有遭难。

固言柳汁　玄德桑阴

唐朝人李固言没有考中进士时，有次外出，走到柳树下，听到弹指声，便问是什么人，那人回答说："我是柳树神，已用柳汁染你衣服，得到蓝袍时，当用枣糕祭我。"不多久，李果然中了状元。

刘备很小就失去了父亲，与母亲以卖草鞋织席为生。他家东南角的篱笆边长了棵桑树，有五丈多高，远远看去像车盖，人们都说这树不平常。同乡李定说："此家必出贵人。"刘备小时候与那里的小孩常在桑阴下嬉戏，他说："我必能乘此羽葆盖车。"

姜桂敦复　松柏世林

宋朝人晏敦复，曾任左司谏，两个月的时间内论驳了二十四件事，举朝震动。秦桧对他说："如能委曲，可致要职。"晏敦复说："姜桂之性，老而愈辣，我岂能为一己私利而误国事呢？"

宗世林与曹操同时，他看不起曹操的为人，不愿与他交往。后来，曹操任司空，总揽朝政，又派人问他："愿意同我交往吗？"他回答说："松柏之志犹存。"

杜预传癖　刘峻书淫

西晋人杜预，喜欢钻研经籍，曾为《左传》作注，成一家之言。当时，王济会相马，和峤贪图钱财，杜预常说王济有马癖，和峤有钱癖。晋武帝听说后，问杜预说："你有什么癖？"答道："臣有《左传》癖。"

南北朝人刘峻，很喜欢读书，常烧麻炬点灯夜读，有时睡着了，头发都被火烧了，醒来再读。听说哪里有好书，千方百计借来读。崔慰祖称他为"书淫"。

钟会窃剑　不疑盗金

晋朝人钟会是荀勖的堂舅。荀勖有一把价值百万的宝剑，交给钟会的母亲收藏。钟会就模仿了荀勖的手迹，写信给母亲取剑，就将剑窃去不还。

汉朝人直不疑，汉文帝时任郎官。有一次，同屋的有人回家，误将他人的金子带走。失主认为是直不疑盗走，他也不加否认，买金还他。回家的人后来把金子交还失主，此时失主甚感惭愧。

桓伊弄笛　子昂碎琴

晋人桓伊，笛子吹得很好，被誉为江南第一。王子猷泊舟轻溪，知道桓伊善吹笛，但未见过面，就派人邀请他。桓伊听说是王子猷相邀，马上下车为他吹奏，吹毕，上车离去，主客没说一句话。

唐人陈子昂，初入京时无人赏识。听说有个卖琴的，标价百万，陈子昂用千缗买下此琴，就说："我善此琴，明日弹奏。"邻里们如期来听他演奏。陈子昂笑着说："蜀人陈子昂，有文百轴，不为人知，此乐贱工耳，岂足留心！"说完举起琴把它打碎，把文轴赠送给大家，于是名震京师。

琴张礼意　苏轼文心

琴牢，字子张，春秋时期人。与子桑户、孟之反友善。子桑户去世时，孔子派子贡去吊唁，只见子张和孟之反弹琴唱歌。子贡问道："请问临丧而歌，礼乎？"二人相视而笑，子贡回去后，向孔子说起这事，孔子说："他们是方外之人，而我们是方内之人。"

苏轼是北宋大文豪之一。他的诗文纵横奔放，雄视百世。他对朋友刘景文说："某生平无快意事，惟作文，意之所到，则笔力曲折，无不尽意，自谓世间乐事，无复逾此。"

公权隐谏　蕴古详箴

唐穆宗十分喜欢柳公权的书法，问他为什么写得这么好，柳公权说："用笔在心，心正则笔正，笔正乃可法矣。"当时穆宗很荒纵，听了柳公权的话变了脸色，知道他是在进行笔谏。

唐高祖武德末年，张蕴古写了《大宝箴》，劝高祖关心民生疾苦，轻徭薄赋，不要"以天下奉一人，瑶其台而琼其室，邱其槽而池其酒。"

广平作赋　何逊行吟

唐玄宗时的宰相宋璟，字广平，皮日休为他的文集写序。序中写道："广平为相，贞资劲质，刚态异状，疑其铁肠与石心，不解吐婉媚辞。睹其文，有《梅花赋》，清便富艳，得南朝徐、庾之体，殊不类其为人。"

何逊是南朝梁人，曾任扬州法曹参军，他府中有一株梅树，他常在树下吟诗。后来，他调任洛阳，还想着那株梅树，就申请再回扬州。杜甫诗载："东阁官梅动诗兴，还如何逊在扬州。"

荆山泣玉　梦穴唾金

春秋时，楚国人卞和曾获得荆山璞玉，便把它献给楚厉王，厉王认为他是以石称玉，犯了欺君之罪，砍断了他的左脚。后来他又把玉献给楚武王，武王也认为他是欺诈，砍断了他的右脚。楚文王即位，卞和抱玉泣血而言曰："臣非悲刖，宝玉而题之以石，贞士而名之以诈，所以悲也。"文王派人琢磨璞玉，果然是美玉，故称"和氏璧"。

南康武都县西沿江有石室，称为梦穴。曾经有个船夫驾船经过那儿，遇到一人通身黄衣，担黄纸二笼要求搭船。船驶到崖下的石室时，黄衣人将口水吐在船上，径直下船入石室去了。起初船夫非常不高兴，见他进了石室，才知道他是神仙，回头看他吐在船上的唾液，全是黄金。

孟嘉落帽　宋玉披襟

东晋人孟嘉，曾任桓温参军。有一次，桓温在龙山大宴宾客，僚佐们都穿着整齐的军服。孟嘉的帽子被风吹落而没觉察到，桓温叫孙盛写文章嘲笑他。孟嘉当即寻笔作答，文辞卓绝，大家都非常佩服。

战国时，楚襄王带着宋玉等人游兰台宫，忽然一阵大风吹来，襄王披襟挡风，说："快哉此风！寡人所与庶人共之。"宋玉说："此大王之风，士庶人安得共之？"

沫经三败　获被七擒

春秋时，曹沫是鲁国的勇士，他以勇力为鲁庄公效劳。齐国打败鲁国，齐桓公要求鲁国割地求和。齐鲁会盟时，曹沫用匕首劫持了齐桓公，并大声喝道："归还侵占的我国土地！"齐桓公被迫答应将以前侵占的鲁地全部归还。

孟获是三国时彝族的首领，曾不服蜀国的管辖。诸葛亮率兵南征，将孟获七擒七纵，孟获只好心悦诚服地归蜀了，他对诸葛亮说："公天威也，南人不复反也。"

易牙调味　钟子聆音

易牙擅长烹调，善于拍马奉承。有一次，齐桓公对他说："我尝遍了天下的美味，只是蒸婴儿的味道未尝。"易牙听后，就把自己的儿子杀了蒸给齐桓公吃。

春秋时，楚国的伯牙善于鼓琴，钟子期精通音律。伯牙鼓琴，意在高山，子期就说："巍巍乎若泰山！"志在流水，子期说："荡荡乎若流水。"子期死后，伯牙认为世无知音，就断弦碎琴，一生不再弹琴了。

令狐冰语　司马琴心

晋朝人令狐策梦见自己站在冰上，跟冰下人说话。索纨解梦说："冰上为阳，冰下为阴，为阳语阴，乃媒介事也，君当为人作媒。"正好太守田豹请令狐策当媒人。

西汉司马相如去拜访好友临邛县令王吉，适逢王吉宴请县里的富翁卓王孙一家，王吉知道相如善于鼓琴，便请相如弹琴助兴。相如就弹了《凤求凰》，卓王孙之女卓文君听了，心生爱慕之情，连夜亡奔相如，相如就跟她一起驰归成都。

灭明毁璧　庞蕴投金

澹台灭明，携带千金之璧渡河，河伯想得到这块璧，就掀起大浪，让两只蛟挟船。灭明对河伯说："你可以义求，不可以威劫。"于是左手拿着玉，右手握剑，将蛟斩死，波平浪静。灭明将璧扔入河中，连扔了三次，璧总是跳起来，灭明就毁璧而去。

唐朝人庞蕴，在家修道，后来移居襄阳时，他将全部家财沉入大海。临死时，他对别人说："但愿空诸所有，慎勿实诸所无。"

十三 覃

左思三赋 程颐四箴

晋朝人左思，曾写《三都赋》。构思十年，家中篱笆上、厕所中都备有纸笔，偶有所得，就马上记下来。赋写成后，皇甫谧写了序言。赋问世后，人们争相抄阅，一时洛阳纸贵。

孔子说："非礼勿视，非礼勿听，非礼勿言，非视勿动。"程颐对儒学多有研究，他据孔子之语作视、听、言、动四箴以自警。

陶母截发 姜后脱簪

晋人陶丹之妾湛氏生子陶侃，其家极为贫寒。有一天，范逵策马来访，湛氏见天下大雪，马上把床上草垫上的草撤下来给马吃，又将自己的头发剪下来，换回酒肉，招待范逵。范逵知道后，感叹地说："没有这样的母亲，就生不出这样的儿子。"所以就推荐陶侃为孝廉。

周宣王曾经早睡晚起，误了早朝，姜后脱簪待罪永巷，派人对周宣王说："妾不才，使君王乐色而忘德，失礼而晏起。祸乱之兴，自我而始，愿请罪。"宣王说："寡人不德，实自生过，非夫人之罪也。"从那以后，宣王勤于政事，成为周朝的中兴之君。

达摩面壁 弥勒同龛

达摹大师在嵩山少林寺坐禅，面壁而坐，终日默然，人莫之测，谓之壁观。

弥勒，即弥勒佛，高僧修行，叫"与弥勒同龛"。

龙逢极谏　王衍清谈

夏桀暴虐不仁，贤臣关龙逢劝谏说："人君节用爱人，今君用财若无穷，杀人若不胜，民心已去，天命不祐，何不稍改？"夏桀说："吾有天下，如天之有日，日亡我才亡。"于是把关龙逢关起来处死。

晋朝人王衍，惠帝时曾任尚书令，终日清谈，不务时政。山涛见了他，叹息说："什么人生了这么个儿子，误天下苍生者必是此人。"

青威漠北　彬下江南

汉武帝时的大将军卫青，曾七次率兵出击匈奴，屡立大功，威镇漠北。

宋太祖伐江南，曹彬率领行营之师，攻陷金陵，活捉南唐后主李煜。

遐福郭令　上寿童参

唐朝人郭子仪，曾任中书令，家奴三千，麾下上多贵至王公，常颐指气使。他的八个儿子，七个女婿都是朝廷显要官员。

童参是宋朝瓯宁人。他性格淳朴，隐居务农，毫无奢求，活到一百零三岁。为祝贺其高寿，宋仁宗赐敕慰劳，授承务郎，他在受赐后第二年死去。

郗愔启箧　殷羡投函

晋朝人郗超，小时很粗野。他临死之前将一个箱子交给他的门生，并告诉说："父若哀悼，可呈此箱。"郗超死后，他父亲郗愔悲痛异常，门生就把箱子给他父亲，他父亲打开箱子一看，发现全是郗超与桓温的书信来往，他父亲愤怒地说"死晚矣！"因此就不再悲哀了。桓温心怀不轨，欲谋反，郗超曾替他出谋划策。

殷羡，字洪乔，晋建元中任豫章太守。郡里许多人都托他带信，他走到石头城下时，竟将随带的一百多封信扔到水里去了，说："沉者自沉，浮者自浮。殷洪乔不能为人作致书邮。"

禹偁敏赡　鲁直沉酣

北宋人王禹偁，九岁就会写文章，甚敏赡。他代父亲给州府官员毕士安送面粉，此时毕士安正在教学生作对，上联是"鹦鹉能言争似凤"。禹偁在旁应声答道："蜘蛛虽巧不如蚕。"毕士安赞叹说："此儿文章满腹，必当名世。"后来，禹偁中了进士。

宋朝人黄庭坚，字鲁直，博学多才，精通经典史册。他曾对人说：士大夫三日不读书，则义礼不交于胸中，对镜觉面目可憎，向人则语言无味。

师徒布算　姑妇手谈

唐僧一行远行求师，走到天台山国清寺，只见院内有数十棵松树，门前有溪水流淌着。一行站在门屏之间，听到院内和尚师徒在布算说："今日当有弟子远来求吾算法，已合到门。"马上又布算道："门前水当却西流，弟子亦到。"一行听到后走进去叩头请法，门前的水果然向西流了。

王积薪跟随唐明皇出游，有天晚上寄宿在深溪百姓家里。这一家只有婆媳二人，她们帮忙解决了王积薪一行的食宿后，关门就寝。深夜，只听见婆婆对媳妇说："良宵无以为适，与子手谈可乎？"（手谈，指下围棋）屋内并无烛火，婆媳各在室对谈。过了不久，婆婆说："你输了，我才胜九枰。"第二天，王积薪去问老婆婆，老婆婆要她媳妇教王积薪攻守下法，王积薪的棋艺从此大有长进。

十四　盐

风仪李揆　骨相吕嵓

李揆是唐乾元年间进士，长得俊美，又会写文章，才貌双全。唐肃宗赞叹道："卿门第、人物、文章，当世第一，确实是朝廷羽仪。"羽仪，是典范的意思。

唐朝人吕嵓，喜欢戴华阳巾，穿黄白襤衫，系大皂绦，样子很像张子房。还是在襁褓的时候，马祖见到他说："此儿骨相不凡，他时遇庐则居，见钟则叩，留心记取。"后来私行庐山，碰到钟离真人，授他天仙剑法，得九九数，号纯阳子，成仙走了。

魏牟尺縰　裴度千缣

战国人魏牟，有次见到赵王时，赵王正在叫冠工制帽。于是赵王跟他谈治国之道。魏牟说："大王诚能重国若此二尺縰，则国治。"赵王说："社稷至重，比之尺縰何也？"魏牟说："大王制冠不使亲近，而必求良工者，非谓其败縰而冠不成欤？今治国不求良士而任其私爱，非轻国于尺縰欤？"赵王无言以对。

唐朝人裴度修建了福先寺，想请白居易写碑文。皇甫湜对裴度说："近舍湜而远求居易，何故？"于是裴度就叫他写，他马上写好了，裴度给他丰厚的车马缯彩作为报酬。但皇甫湜却不满意，发怒说："自从我作《顾况集序》以来，未尝许人文字，今碑文三千字，一字三缣，何遇我薄耶？"

孺子磨镜　麟士织帘

东汉人徐稚，字孺子，曾在江夏黄琼手下任职。家境贫穷，为人磨镜。黄琼死后，他就以磨镜所得，作为送葬之礼用。

南北朝人沈麟士，从小就勤奋好学，博学多才，精通经史。他年少时家贫，经常是边织帘边读书。乡里人称他是“织帘先生”。后来他隐居余杭山中，设馆办学，向他求学者达数百人。

华歆逃难　叔子避嫌

东汉末年，时局动乱。华歆和王朗一起乘船逃难。有一男子也想上他们的船，华歆觉得不便，有难处，可王朗说：“幸尚宽，何为不可？”后来乱兵追至，王朗想把那男子丢弃。华歆却说：“本所以疑，正为此耳。既已纳其自托，宁可以急相弃耶？”说服王朗，带那男子一起逃难。

颜叔子是春秋时期鲁国人，独居一室。一天晚上，下起大雨，邻居的房子倒塌，没地方居住，有一个女子跑到颜叔子家来投宿。颜叔子极不情愿地让她留宿，且让那女子手持蜡烛。蜡烛烧完了，就手持火把，一直燃到天亮，他避嫌谨慎到如此程度。

盗知李涉　虏惧仲淹

唐朝人李涉，路经皖口时碰上了强盗。强盗知道他是李涉，就对他说：“既是李博士，久闻诗名，愿赠一首足矣。”李涉题了一首绝句：“风雨潇潇江上村，绿林豪客夜知闻。相逢不用相回避，世上而今半是君。”强盗听后高兴地说：“确是如此。”笑着走了。

范仲淹跟范雍都曾镇守延安，西夏人曾告诫说：“毋以延安为意，小范老子胸中有数万甲兵，不比大范老子可欺也。”范仲淹和韩琦，在当时都很出名，军中称“韩范”。一首歌谣唱道：“军中有一韩，西贼闻之心胆寒；军中有一范，西贼闻之惊破胆。”

尾生岂信　仲子非廉

战国时期人尾生，曾经与一女子约会于桥下，那女子迟迟不来，河水上涨，尾生始终没有离去，抱着桥柱淹死了。

王季木说：“陈仲子与齐国的国君同姓，对于同族人为乱，他感到很气愤，就避兄离母，逃往於陵。赵威后问齐国的使者说，於陵仲子还在吗？他上不臣于王，下不治其家，中不交接诸侯，这是无用之人，为什么至今还不杀掉呢？”

由餐藜藿　鬲贩鱼盐

仲由是孔子的学生，鲁国人。小时家境贫困，以吃野菜(藜藿)度日。但他却从百里之外背米供养父母。父母过世后，他到楚国游说，从车百乘，积粮万钟。可他常叹息说：“愿欲食藜藿，为亲负米，不可复得也。”孔子赞叹说：“由也事亲，可谓生事尽力，死事尽哀者矣。”

胶鬲，原是商纣王之臣，因为纣王无道，时局混乱，他便弃官经商。后来周文王在鱼盐商贩中发现了他，请他任周朝大臣。

五湖范蠡　三径陶潜

范蠡是春秋战国时期越国人，曾辅佐越王勾践打败了吴国。勾践欲与他分国，他辞谢说：“君行令，臣行意。”遂带着西施泛舟五湖，从海上逃到齐国，改名换姓，自号鸱夷子皮，后来经商成了富翁。

陶渊明，字潜，他写的《归去来辞》中有“三径就荒”一句，大概是指他隐居的柴桑旧宅周围蒿莱满径。

徐邈通介　崔郾宽严

徐邈是东汉末年人，曾在曹操手下任职。有人问卢钦说："徐邈在魏武帝时，人以为通，从凉州回到京师，人以为介，为什么？"卢钦说："当时毛孝先、崔季珪当道，喜欢清素之士，人们都变易车服以求高名，徐公不改其常，故人以为通。等到天下讲究奢侈时，徐公雅尚自若，不与俗同，故人以为介。"

唐朝人崔郾，初治虢，法令宽和，对有过错的人，从不施笞刑。后治鄂，却法肃辞严，令行禁止。人们问他这是为什么，他说："陕土瘠而民劳，吾抚之易服。鄂土沃而民剽，杂以夷俗，非威莫能制。政贵知变也。"

易操守剑　归罪遗缣

东汉人王烈，字彦方，以孝义闻名。有个盗牛的人被牛主捉到了，盗牛的人说："刑戮是甘，但勿使王彦方知之。"王烈知道这人有困难，便送一匹布给他。后来，有一个老人在路上遗失了一把剑，一过路人看见后一直守着剑，老人回来寻到剑后问这守剑人姓名，原来此人就是以前盗牛的人。

东汉人陈寔，待人善良、公正，乡里有争讼，大都请他来判定。乡人说："宁为刑罚所加，不为陈寔所短。"有次，夜间读书时，有个盗贼躲在屋梁上，陈寔对弟子说："不善之人，未必本恶，习与性成，遂至于此，梁上君子是也。"盗贼听后，连忙下来叩头认罪。陈寔对他说："当由贫困所致。"便送给他两匹绢。

十五　咸

深情子野　神识阮咸

晋朝人桓伊，小字野王，或称子野，擅长音乐，每次听到清唱，他总是说："怎么能这样呢？"谢公听说后感叹说："子野可谓一往有情深。"

晋人阮咸精通音律，每当荀勖聚会奏乐时，他总说音调不准，荀勖不喜欢他，就将他贬为始平太守。后来，有个农夫得到周朝时的玉尺，荀勖用它调校他自己所制作的乐器，发现都短了一黍，这才佩服阮咸的神识。

公孙白纻　司马青衫

春秋时期郑国大夫公孙侨，字子产。吴国派季札出使郑国，见到子产，两人像老朋友一样互送最珍贵的礼物，季札将缟带送给子产，子产将纻衣送给季札。

白居易被贬为江州司马。有天晚上，他到湓浦口送客，听到从邻船传来的琵琶声，得知弹奏者是一位年老的歌妓，白居易写下《琵琶行》一诗，结尾写的是"座中泣下谁最多？江州司马青衫湿。"

狄梁被谮　杨亿蒙谗

唐时，狄仁杰因功被封为梁国公。武则天曾对他说："你在汝南时，有人说你的坏话，你想知道吗？"狄仁杰说："陛下如果认为我错了，我就改；陛下如果认为我没错，那就是我的大幸，说我坏话的人，我不想知道。"

宋朝人杨亿被执政大臣所嫉恨，有的人不停地攻击他，杨亿向皇帝上表谢罪说："已落沟壑，犹下石而未休；方因蒺藜，尚弯弓而不已！"

布重一诺　金慎三缄

汉朝人季布说曹邱生的坏话。曹邱生对他说："人们说：'得黄金百斤，不如得季布一诺。'足下为什么能得此名？是因为我帮你到处扬名，这情义还不重吗？你为什么还这么恨我呢？"季布非常高兴，赠送给他很多礼物。

孔子走进后稷庙，看见一铜人，三次想说，结果都没有说，就在铜人的背上刻上铭文："古之人慎言。无多言，多言多败；无多事，多事多患。安乐必戒，无所行悔。"

彦升非少　仲举不凡

南朝人任昉，字彦升，担任义兴新安太守，为政清廉，轻徭薄赋，并写下数十万字的文章，有人对他父亲说："卿有令子，相为喜之，所谓百不为多，一不为少。"

东汉人陈蕃，字仲举。陈蕃十五岁时，郡里的功曹薛勤到他家拜访，他的父亲出来相迎，薛勤说："您有不凡之子，我特来相见。"当时，陈家庭院荒芜，薛勤对陈蕃说："孺子何不洒扫以待宾客？"陈蕃说："大丈夫当扫除天下，岂扫一家一室！"

古人万亿　不尽兹函

十千成万，十千万成亿，即说古人很多，关于古人的掌故很多。

学问无穷，人们应当广采博求，不是只读了这本书就够了。

附　录

卷　一

一　东

粗成四字　诲尔童蒙　经书暇日　子史须通　重华大孝　武穆精忠
尧眉八彩　舜目重瞳　商王祷雨　汉祖歌风　秀巡河北　策据江东
太宗怀鹞　桓典乘骢　嘉宾赋雪　圣祖吟虹　郾仙秋水　宣圣春风
恺崇斗富　浑濬争功　王伦使虏　魏绛和戎　恂留河内　何守关中
曾除丁谓　皓折贾充　田骄贫贱　赵别雌雄　王戎简要　裴楷清通
子尼名士　少逸神童　巨伯高谊　许叔阴功　代雨李靖　止雹王崇
和凝衣钵　仁杰药笼　义伦清节　展获和风　占风令尹　辩日儿童
敝履东郭　粗服张融　卢杞除患　彭宠言功　放歌渔者　鼓枻诗翁
韦文朱武　阳孝尊忠　倚闾贾母　投阁扬雄　梁姬值虎　冯后当熊
罗敷陌上　通德宫中

二　冬

汉称七制　唐羡三宗　杲卿断舌　高祖伤胸　魏公切直　师德宽容
祢衡一鹗　路斯九龙　纯仁助麦　丁固梦松　韩琦芍药　李固芙蓉
乐羊七载　方朔三冬　郊祁并第　谭尚相攻　陶违雾豹　韩比云龙
洗儿妃子　校士昭容　彩鸾书韵　琴操参宗

三　江

古帝凤阁　刺史鸡窗　亡秦胡亥　兴汉刘邦　戴生独步　许子无双
柳眠汉苑　枫落吴江　鱼山警植　鹿门隐庞　浩从床匿　崧避杖撞
刘诗瓿覆　韩文鼎扛　愿归盘谷　杨忆石淙　弩名克敌　城筑受降
韦曲杜曲　梦窗草窗　灵征刍狗　诗祸花龙　嘉贞丝幔　鲁直彩缸

四　支

王良策马　傅说骑箕　伏羲画卦　宣父删诗　高逢白帝　禹梦玄彝
寅陈七策　光进五规　鲁恭三异　杨震四知　邓攸弃子　郭巨埋儿

公瑜嫁婢　处道还姬
平叔傅粉　弘治凝脂
温公警枕　董子下帷
杜畿国士　郭泰人师
乘风宗悫　立雪杨时
钱昆嗜蟹　崔谌乞麋
祖莹称圣　潘岳诚奇
韩康卖药　周术茹芝
韩琦焚疏　贾岛祭诗
懒残煨芋　李泌烧梨
防年末减　严武称奇
临洮大汉　琼崖小儿
堕甑叔达　发瓮钟离
召父杜母　雍友杨师

允诛董卓　玠杀王夔
伯俞泣杖　墨翟悲丝
会书张旭　善画王维
伊川传易　觉范论诗
阮籍青眼　马良白眉
隐之卖犬　井伯烹雌
紫芝眉宇　思曼风姿
刘公殿虎　庄子涂龟
康侯训侄　良弼课儿
干椹杨沛　焦饭陈遗
邓云艾艾　周曰期期
东阳巧对　汝锡奇诗
一钱诛吏　半臂怜姬
直言解发　京兆画眉

石虔矫捷　朱亥雄奇
能文曹植　善辩张仪
周兄无慧　济叔不痴
董昭救蚁　毛宝放龟
韩子孤愤　梁鸿五噫
枚皋敏捷　司马淹迟
毓会窃饮　谌纪成縻
唐举善相　扁鹊名医
颜狂莫及　山器难知
文舒戒子　安石求师
周师猿鹄　梁相鹓鸱
启期三乐　藏用五知
王胡索食　罗友乞祠
美姬工笛　老婢吹篪

五　微

敬叔受饷　吴祐遗衣
卜商闻过　伯玉知非
蔡陈善谑　王葛交讥

淳于窃笑　司马微讥
仕治远志　伯约当归
陶公运甓　孟母断机

子房辟谷　公信采薇
商安鹑服　章泣牛衣

六　鱼

少帝坐膝　太子牵裾
朱云折槛　禽息击车
细侯竹马　宗孟银鱼
永和拥卷　次道藏书
冥鉴季达　预识卢储
班妃辞辇　冯诞同舆

卫懿好鹤　鲁隐观鱼
耿恭拜井　郑国穿渠
管宁割席　和峤专车
镇周赠帛　宓子驱车
宋均渡虎　李白乘驴

蔡伦造纸　刘向校书
国华取印　添丁抹书
渭阳袁湛　宅相魏舒
廷尉罗雀　学士焚鱼
苍颉造字　虞卿著书

七　虞

西山精卫　东海麻姑
伍员覆楚　勾践灭吴
苏秦刺股　李勣焚须
赵抃携鹤　张翰思鲈

楚英信佛　秦政坑儒
君谟龙片　王肃酪奴
介诚狂直　端不糊涂
李佳国士　聂悯田夫

曹公多智　颜子非愚
蔡衡辨凤　义府题乌
关西孔子　江左夷吾
善讴王豹　直笔董狐

赵鼎倔强　朱穆专愚　张侯化石　孟守还珠　毛遂脱颖　终军弃繻
佐卿化鹤　次仲为乌　韦述杞梓　卢植楷模　士衡黄耳　子寿飞奴
直笔吴兢　公议袁枢　陈胜辍锸　介子弃觚　谢名蝴蝶　郑号鹧鸪
戴和书简　郑侠呈图　瑕丘卖药　郕令投巫　冰山右相　铜臭司徒
武陵渔父　闽越樵夫　渔人鹬蚌　田父毚卢　郑家诗婢　郗氏文奴

卷　二

八　齐

子晋牧豕　仙翁祝鸡　武王归马　裴度还犀　重耳霸晋　小白兴齐
景公禳彗　窦俨占奎　卓敬冯虎　西巴释麑　信陵捕鹞　祖逖闻鸡
赵苞弃母　吴起杀妻　陈平多辙　李广成蹊　烈裔刻虎　温峤燃犀
梁公驯雀　茅容割鸡

九　佳

禹钧五桂　王祐三槐　同心向秀　肖貌伯偕　袁闳土室　羊侃水斋
敬之说好　郭讷言佳　陈瓘责己　阮籍咏怀

十　灰

初平起石　左慈掷杯　名高麟阁　功显云台　朱熹正学　苏轼奇才
渊明赏菊　和靖观梅　鸡黍张范　胶漆陈雷　耿弇北道　僧孺西台
建封受贶　孝基还财　准题华岳　绰赋天台　穆生决去　贾郁重来
台乌成兆　屏雀为媒　平仲无术　安道多才　杨亿鹤蜕　窦武蛇胎
湘妃泣竹　钼麑触槐　阳雍五璧　温峤一台

十一　真

孔门十哲　殷室三仁　晏能处己　鸿耻因人　文翁教士　朱邑爱民
太公钓渭　伊尹耕莘　皋惟团力　泌仅献身　丧邦黄皓　误国章惇
鞅更秦法　普读鲁论　吕诛华士　孔戮闻人　暴胜持斧　张纲埋轮
孙非识面　韦岂呈身　令公请税　长孺输缗　白州刺史　绛县老人
景行莲幕　谨选花茵　郗超造宅　季雅买邻　寿昌寻母　董永卖身

建安七子　大历十人　香山诗价　孙济酤缗　令严孙武　法变张巡
更衣范冉　广被孟仁　笔床茶灶　羽扇纶巾　灌夫使酒　刘四骂人
以牛易马　改氏为民　圹先表圣　灯候沈彬

十二　文

谢敷处士　宋景贤君　景宗险韵　刘辉奇文　袁安卧雪　仁杰望云
貌疏宰相　腹负将军　梁亭窃灌　曾圃误耘　张巡军令　陈琳檄文
羊殖益上　宁越弥勤　蔡邕倒屣　卫瓘披云　巨山龟息　遵彦龙文

十三　元

傲倪昭谏　茂异简言　金书梦珏　纱护卜藩　童恢捕虎　古冶治鼋
何奇韩信　香化陈元　徐幹中论　扬雄法言　力称乌获　勇尚孟贲
八龙荀氏　五豸唐门　张瞻炊臼　庄周鼓盆　疏脱士简　博奥文元
敏修未娶　陈峤初婚　长公思过　定国平冤　陈遵投辖　魏勃扫门
孙琏织屦　阮咸曝裈　晦堂无隐　沩山不言

十四　寒

庄生蝴蝶　吕祖邯郸　谢安折屐　贡禹弹冠　颢容王导　浚杀曲端
休那题碣　叔邵凭棺　如龙诸葛　似鬼曹瞒　爽欣御李　白愿识韩
黔娄布被　优孟衣冠　长歌宁戚　鼾睡陈抟　曾参务益　庞德遗安
穆亲杵臼　商化芝兰　葛洪负笈　高凤持竿　释之结袜　子夏更冠
直言唐介　雅量刘宽　捋须何点　捉鼻谢安　张华龙鲊　闵贡猪肝
渊材五恨　郭奕三叹　弘景作相　延祖弃官　二疏供帐　四皓衣冠
曼卿豪饮　廉颇雄餐　长康三绝　元方二难　曾辞温饱　城忍饥寒
买臣怀绶　逢萌挂冠　循良伏湛　儒雅倪宽　欧母画荻　柳母和丸
韩屏题叶　燕姞梦兰　漂母进食　浣妇分餐

十五　删

令威华表　杜宇西山　范增举玦　羊祜探环　沈昭狂瘦　冯道痴顽
陈蕃下榻　郅恽拒关　雪夜擒蔡　灯夕平蛮　郭家金穴　邓氏铜山
比干受策　杨宝掌环　晏婴能俭　苏轼为悭　堂开洛水　社结香山
腊花齐放　春桂同攀

卷　三

一　先

飞凫叶令　驾鹤缑仙　刘晨采药　茂叔观莲　阳公麾日　武乙射天
唐宗三鉴　刘宠一钱　叔武守国　李牧备边　少翁致鬼　栾大求仙
彧臣曹操　猛相苻坚　汉家三杰　晋室七贤　居易识字　童乌预玄
黄琬对日　秦宓论天　元龙湖海　司马山川　操诛吕布　膑杀庞涓
羽救巨鹿　准策澶渊　应融丸药　阎敞还钱　范居让水　吴饮贪泉
薛逢羸马　刘胜寒蝉　捉刀曹操　拂矢贾坚　晦肯负国　质愿亲贤
罗友逢鬼　潘谷称仙　茂弘练服　子敬青毡　王奇雁字　韩浦鸾笺
安之画地　德裕筹边　平原十日　苏章二天　徐勉风月　弃疾云烟
舜钦斗酒　法主蒲鞯　绕朝赠策　苻卤投鞭　豫让吞炭　苏武餐毡
金台招士　玉署贮贤　宋臣宗泽　汉使张骞　胡姬人种　名妓书仙

二　萧

滕王蛱蝶　摩诘芭蕉　却衣师道　投笔班超　冯官五代　季相三朝
刘蕡下第　卢肇夺标　陵甘降虏　蠋耻臣昭　隆贫晒腹　潜懒折腰
韦绶蜀锦　元载鲛绡　捧檄毛义　绝裾温峤　郑虔贮柿　怀素种蕉
延祖鹤立　茂弘龙超　悬鱼羊续　留犊时苗　贵妃捧砚　弄玉吹箫

三　肴

栾巴救火　许逊除蛟　诗穷五际　易布三爻　清时安石　奇计居鄛
湖循莺脰　泉访虎跑　近游束皙　诡术尸佼　翱狂晞发　嵇懒转胞
西溪晏咏　北陇孔嘲　民皆字郑　羌愿姓包　骑鹏沈晦　射鸭孟郊
戴颙鼓吹　贾岛推敲

四　豪

禹承虞舜　说相殷高　韩侯敝裤　张禄绨袍　相如题柱　韩愈焚膏
捐生纪信　争死孔褒　孔璋文伯　梦得诗豪　马援矍铄　巢父清高
伯伦鸡肋　超宗凤毛　服虔赁作　车胤重劳　张仪折竹　任末燃蒿
贺循冰玉　公瑾醇醪　庞公休畅　刘子高操　季札挂剑　吕虔赠刀

来护卓荦　梁竦矜高　壮心处仲　操行陈陶　子荆爽迈　孝伯清操
李订六逸　石与三豪　郑弘还箭　元性成刀　刘殷七业　何点三高

五　歌

二使入蜀　五老游河　孙登坐啸　谭峭行歌　汉王封齿　齐主烹阿
丁兰刻木　王质烂柯　霍光忠厚　黄霸宽和　桓谭非谶　王商止讹
隐翁龚胜　刺客荆轲　老人结草　饿夫倒戈　弈宽李讷　碑赚孙何
子猷啸咏　斯立吟哦　弈世貂珥　闾里鸣珂　昙辍丝竹　裒废蓼莪
箕陈五福　华祝三多

六　麻

万石秦氏　三戟崔家　退之驱鳄　叔敖埋蛇　虞诩易服　道济量沙
伋辞馈肉　琮却饷瓜　祭遵俎豆　柴绍琵琶　法常评酒　鸿渐论茶
陶怡松菊　田乐烟霞　孟郯九穗　郑珏一麻　颜回练马　乐广杯蛇
罗珦持节　王播笼纱　能言李泌　敢谏香车　韩愈辟佛　傅奕除邪
春藏足垢　邕嗜疮痂　薛笺成彩　江笔生花　班昭汉史　蔡琰胡笳
凤凰律吕　鹦鹉琵琶　渡传桃叶　村名杏花

七　阳

君起盘古　人始亚当　明皇花萼　灵运池塘　神威翼德　义勇云长
羿雄射日　衍愤飞霜　王祥求鲤　叔向埋羊　亮方管乐　勒比高光
世南书监　晁错智囊　昌囚羑里　收遁首阳　轼攻正叔　浚沮李纲
降金刘豫　顺虏邦昌　瑜烧赤壁　轼谪黄冈　马融绛帐　李贺锦囊
昙迁营葬　脂习临丧　仁裕诗窖　刘式墨庄　刘琨啸月　伯奇履霜
塞翁失马　臧谷亡羊　寇公枯竹　召伯甘棠　匡衡凿壁　孙敬悬梁
衣芦闵损　扇枕黄香　婴扶赵武　籍杀怀王　魏征妩媚　阮籍猖狂
雕龙刘勰　愍骥应玚　御车泰豆　习射纪昌　异人彦博　男子天祥
忠贞古弼　奇节任棠　何晏谈易　郭象注庄　卧游宗子　坐隐王郎
盗酒毕卓　割肉东方　李膺破柱　卫瓘抚床　营军细柳　校猎长杨
忠武具奠　德玉居丧　敖曹雄异　元发疏狂　寇却例簿　吕置夹囊
彦升白简　元鲁青箱　孔融了了　黄宪汪汪　僧岩不测　赵壹非常
沈思好客　颜驷为郎　申屠松屋　魏野草堂　戴渊西洛　祖逖南塘
倾城妲己　嫁虏王嫱　贵妃桃髻　公主梅妆　吉了思汉　供奉忠唐

卷　四

八　庚

萧收图籍　孔惜繁缨　卞庄刺虎　李白骑鲸　王戎支骨　李密陈情
相如完璧　廉颇负荆　从龙介子　飞雁苏卿　忠臣洪皓　义士田横
李平鳞甲　苟变干城　景文饮鸩　茅焦伏烹　许丞耳重　丁掾目盲
佣书德润　卖卜君平　马当王勃　牛渚袁宏　谭天邹衍　稽古桓荣
岐曾贩饼　平得分羹　卧床逸少　升座延明　王勃心织　贾逵舌耕
悬河郭子　缓颊郦生　书成凤尾　画龙点睛　功臣图阁　学士登瀛
卢携貌丑　卫玠神清　非熊再世　圆泽三生　安期东渡　潘岳西征
志和耽钓　宗仪辍耕　卫鞅行诈　羊祜推诚　林宗倾粥　文季争羹
茂贞苛税　阳城缓征　北山学士　南郭先生　文人鹏举　名士道衡
灌园陈定　为圃苏卿　融赋沧海　祖咏彭城　温公万卷　沈约四声
许询胜具　谢客游情　不齐宰单　子推相荆　仲淹复姓　潘阆藏名
烹茶秀实　漉酒渊明　善酿白堕　纵饮公荣　仪狄造酒　德裕调羹
印屏王氏　前席贾生

九　青

经传御史　偈赠提刑　士安正字　次仲谈经　咸遵祖腊　宽识天星
景焕垂戒　班固勒铭　能诗杜甫　嗜酒刘伶　张绰剪蝶　车胤囊萤
鹳鹆学语　鹦鹉诵经

十　蒸

公远玩月　法善观灯　燕投张说　凤集徐陵　献之书练　夏竦题绫
安石执拗　味道模棱　韩仇良复　汉纪备存　存鲁端木　救赵信陵
邵雍识乱　陵母知兴

十一　尤

琴高赤鲤　李耳青牛　明皇羯鼓　炀帝龙舟　羲叔正夏　宋玉悲秋
才压元白　气吞曹刘　信擒梦泽　翻徙交州　曹参辅汉　周勃安刘
太初日月　季野春秋　公超成市　长孺为楼　楚邱始壮　田豫乞休
向长损益　韩愈斗牛　琎除酿部　玄拜隐侯　公孙东阁　庞统南州

袁耽掷帽　仁杰携裘　子将月旦　安国阳秋　德舆西掖　庾亮南楼
梁吟傀儡　庄梦髑髅　孟称清发　殷号风流　见讥子敬　犯忌杨修
荀息累卵　王基载舟　沙鸥可狎　蕉鹿难求　黄联池上　杨咏楼头
曹兵迅速　李使迟留　孔明流马　田单火牛　五侯奇膳　九婢珍馐
光安耕钓　方慕巢由　适嵇命驾　访戴操舟　篆推史籀　隶善钟繇
邵瓜五色　李橘千头　芳留玉带　琳卜金瓯　孙阳识马　丙吉问牛
盖忘苏隙　聂报严仇　公艺百忍　孙昉四休　钱塘驿邸　燕子楼头

十二　侵

苏耽橘井　董奉杏林　汉宣读令　夏禹惜阴　蒙恬造笔　太昊制琴
敬微谢馈　明善辞金　睢阳嚼齿　金藏披心　固言柳汁　玄德桑阴
姜桂敦复　松柏世林　杜预传癖　刘峻书淫　钟会窃剑　不疑盗金
桓伊弄笛　子昂碎琴　琴张礼意　苏轼文心　公权隐谏　蕴古详箴
广平作赋　何逊行吟　荆山泣玉　梦穴唾金　孟嘉落帽　宋玉披襟
沫经三败　获被七擒　易牙调味　钟子聆音　令狐冰语　司马琴心
灭明毁璧　庞蕴投金

十三　覃

左思三赋　程颐四箴　陶母截发　姜后脱簪　达摩面壁　弥勒同龛
龙逢极谏　王衍清谈　青威漠北　彬下江南　遐福郭令　上寿童参
郗愔启箧　殷羡投函　禹偁敏赡　鲁直沉酣　师徒布算　姑妇手谈

十四　盐

风仪李揆　骨相吕嵓　魏牟尺绖　裴度千缣　孺子磨镜　麟士织帘
华歆逃难　叔子避嫌　盗知李涉　虏惧仲淹　尾生岂信　仲子非廉
由餐藜藿　鬲贩鱼盐　五湖范蠡　三径陶潜　徐邈通介　崔郾宽严
易操守剑　归罪遗缣

十五　咸

深情子野　神识阮咸　公孙白纻　司马青衫　狄梁被谮　杨亿蒙谗
布重一诺　金慎三缄　彦升非少　仲举不凡　古人万亿　不尽兹函